불량교생의 넌픽션 민사 소송 에세이

불효자식의 효도의 길
Part.2

15평 토지 인도 및 건물 철거 청구 사건

"안 부끄러우십니까?"

무더운 여름날, 어느 지방법원 법정에서 나는 감정이 가득 담긴 목소리로
판사를 향하여 소리를 질렀다.
불량교생의 분노가 폭발하는 순간이었다.

감사의 글

(체감상) 길고도 길었던,

피눈물 나던

민사 소송 기간 동안

멀리서 든든한 지원군으로서

불량교생의 정신적 지주가 되어준

법무 법인 예헌의 신상철 변호사님께

다시 한번

진심 어린 감사의 말씀을 드립니다.

신상철 변호사님은

냉철한 지성으로 불량교생에게 법률적 조언을 해주셨습니다.

신상철 변호사님의

그 따뜻한 마음 씀씀이는

불량교생이 냉엄한 법률 분쟁의 시린 공기를 견디는 데

큰 힘이 되어주었습니다.

p.s.

격식은 (또) 여기까지

상철아,

다시 한번

너무 너무 너무 고맙고

상철이 너의 빛나는 지성과 더 빛나는 인성이

대한민국에서 더 더 더 아름답게 빛나길 바랄게.

p.s.

아울러 불량교생의 피눈물 나는 심정을 적확하게 반영하여

이 민사 소송 에세이를 꾸미고 다듬어주신

김해진 편집디자이너님께도

심심한 감사의 인사를 드립니다.

감사합니다.

프롤로그

어라,

이거 봐라?

가만히 있는 사람들에게

싸움을 걸어온다?

오냐,

그 싸움 받아주겠다!

제 1 부

내용증명과 소장

0

내용증명

수신인 성명 : ○○○

주소 : 충청남도 ○○시 ○○구 ○○읍 ○○리 ○○○-6

발신인 성명 : XXX

주소 : 경기도 XX시 XX구 XX읍 XX로 8X, XXX동 XXXX호

제목 : 시설물 철거, 토지 인도 등 요청

1. 본인은 ○○시 ○○구 ○○읍 ○○리 ○○○-8번지 토지 소유주로서 2021년 8월 30일 ○○길 기준 남쪽으로 약 19평 정도의 토지가 침범되어 있는 것을 확인하였습니다.

2. 이 사실을 말씀드리고자 2021년 8월 30일, 9월 3일, 9월 5일 3회에 걸쳐 ○○리 ○○○-6번지에 방문하였으나 부재중으로 통상적인 절차에 의거하여 내용증명을 발송합니다.

3. 저희는 정확한 토지경계를 확인하기 위하여 LX한국국토정보공사에 경계 복원을 신청하였으며, 2021년 10월 21일 경계측량을 실시할 예정입니다. 자세한 측량 시간은 측량일로부터 1~2일 전에 확인 가능하기 때문에 측량에 참가를 희망하실 경우 010-XXXX-XXXX 번호로 연락 바랍니다.

4. LX한국국토정보공사의 정확한 측량이 완료되면 침범된 저희 토지 지상 및 지하에 있는 건축물과 시설물 등의 철거 및 원상복구를 요구 합니다.

5. 토지 인도를 앙망하오나, 본인 사정으로 철거가 예의치 않을 경우, 2021년 12월 1일부터 월 토지 임대료 10만원을 청구합니다.

6. 위 4번 5번 내용의 이행 여부를 2021년 11월 30일까지 대면 또는 010-XXXX-XXXX 번호로 연락 부탁드립니다.

7. 상기 내용과 관련하여 2021년 11월 30일까지 이행 또는 회신이 없을 경우 대화 의지가 없다고 판단하고, 저희가 소유한 9월 1일부터 무단토지사용료 청구는 물론 법적 절차로 인해 발생되는 모든 손해는 귀하에게 청구 예정이오니 상호 불미스러운 일이 발생하지 않도록 빠른 조치를 부탁드립니다.

2021년 9월 9일

내 용 증 명

수신인 성명 : ○○○

주소 : 충청남도 ○○시 ○○구 ○○읍 ○○리 ○○○-6

발신인 성명 : XXX

주소 : 경기도 XX시 XX구 XX읍 XX로 8X, XXX동 XXXX호

제목 : 시설물 철거, 토지 인도 등 요청

1. 본인은 ○○시 ○○구 ○○읍 ○○리 ○○○-8번지 토지 소유주로서 2021년 10월 21일 ○○○-6, ○○○-11토지 소유주 참여 하에 LX한국국토정보공사 직원 2인과 함께 토지측량을 실시 하였습니다.

2. 결과 ○○○-6번지 토지침범(건축물포함) 약 15평이 확인되었으며, 아래와 같이 3가지 해결방안을 제시하고자 합니다.

2.1 침범된 토지 지상 및 지하에 있는 건축물과 시설물 등의 철거 및 원상복구

2.2 ○○길 도로 기준 남쪽 토지의 매입
 - 토지 매입과 관련된 부가비용(측량, 토지분할 등)은 ○○○-6번지 지주가 부담한다.

 - 주거지역의 토지분할 시 최소면적은 60m2(18.15평)이므로 ○○길 기준 남쪽 토지를 분할한다.
 - 매입가는 ○○○
 - 8번지 토지 매입가격인 평당 35만원으로 한다.

2.3 점유중인 토지에 대한 월 지료 10만원을 ○○○-8번지 지주에게 지불
 - 2021년 12월 1일부터 월 토지 임대료 10만원을 청구한다.

3. 2021년 11월 30일까지 결정하신 후 대면 또는 010-XXXX-XXXX 번호로 연락 부탁드립니다.

4. 상기 내용과 관련하여 2021년 11월 30일까지 이행 또는 회신이 없을 경

우 대화 의지가 없다고 판단하고, 저희가 소유한 9월 1일부터 무단토지사용료 청구는 물론 법적 절차로 인해 발생되는 모든 손해는 귀하에게 청구 예정이오니 상호 불미스러운 일이 발생하지 않도록 빠른 조치를 부탁드립니다.

2021년 11월 1일

내 용 증 명

수신인 성명 : ○○○

주소 : 충청남도 ○○시 ○○구 ○○읍 ○○리 ○○○-6

발신인 성명 : XXX

주소 : 경기도 XX시 XX구 XX읍 XX로 8X, XXX동 XXXX호

제목 : 시설물 철거, 토지 인도 등 요청

1. 본인은 ○○시 ○○구 ○○읍 ○○리 ○○○-8번지 토지 소유주로서 2021년 10월 21일 ○○○-6, ○○○-11토지 소유주 참여 하에 LX한국국토 정보공사 직원 2인과 함께 토지측량을 실시 하였습니다.

2. 결과 ○○○-6번지 토지침범(건축물포함) 약 15평이 확인되었으며

  2.1 시설물 철거 및 토지 인도

  2.2 토지 소유권 분할 이전

  2.3 지료 지불

등의 3가지 방안을 안내드렸으나 2021년 11월 18일 ○○○-6번지 지주의 자녀분이 유선상으로 모든 방안을 거절하고 민사소송을 요청하신 바 2.1 시설물

철거 및 토지 인도를 요청합니다.

3. 귀하가 주장하고 있는 취득시효는 시효완성 시 소유권이전등기청구권을 취득하는 것으로 소유권을 취득하는 것이 아닙니다. 즉 온전히 20년 소유하여 취득시효완성이 되었다면 제3자가 토지를 매매하여 등기를 마치기 전에 청구권을 행사하여 소유권 이전 등기를 해야 하는 것으로, 이미 본인은 정당한 토지매매를 통해 등기를 마친 상황입니다.

또한 토지를 구입한 제3자인 본인이 경계측량확인을 통해 귀하의 토지침범을 확인하여 그 사실을 알리고자 내용증명을 발송하여 이미 취득시효는 효력이 없으므로 시효완성을 주장할 수 없습니다.

4. 참고로 현 상황에서 귀하가 취득시효를 주장하려면 아래와 같은 4가지 예외적 사항이 있습니다.

4.1 제3자의 등기가 무효등기인 경우

4.2 제3자가 상속인인 경우

4.3 원 소유자가 다시 소유권을 회복하는 경우

4.4 재취득시효

본인은 위 4가지 사항에 모두 해당하지 않음으로 귀하의 취득시효는 효력이 없음을 다시 한 번 말씀드립니다.

5. 추가로 등기되었다고 주장하시는 ○○○-6번지의 건축물은 등기 및 건축물대장에 조회되지 않는 것으로 확인되어 미등기 건축물로 확인됩니다. 토지와 건물은 다른 개념으로 등기 및 건축물대장 등을 확인해 보시기 바랍니다.

6. 시효완성으로 소유권이전등기청구권을 가지게 되는 것은 채권적 청구권

을 가지게 되는 것으로 제3자가 매매를 통해 온전히 등기를 마쳤다면 등기와 채권의 관계에서 등기가 승소하는 것이 법률적 원칙입니다. 시효완성자와 제3자의 법률관계에 대해 법률자문이나, 인근 공인중개사의 견해를 받아보시기 바랍니다.

7. 2021년 12월 31일까지 무단점유중인 토지의 시설물 철거 및 토지 인도를 요청드립니다.

8. 상기 내용과 관련하여 2021년 12월 31일까지 이행되지 않을 경우, 저희가 소유한 9월 1일부터 무단 토지사용료 청구는 물론 법적 절차로 인해 발생되는 모든 손해(변호사 선임비용 및 기타 등)는 귀하에게 청구 예정이오니 상호 불미스러운 일이 발생하지 않도록 빠른 조치를 부탁드립니다.

2021년 11월 18일

소 장

원고 XXX(85XXXX-XXXXXXX)

　　　XX시 XX구 XX읍 XX로 8X, XXX동 XXXX호(XX리, XXXXXXXXXXX)

　　　원고 소송대리인

　　　법무법인 XXXX

　　　서울 XX구 XXXXX XXX, XX층(XX동, XXXX빌딩)

　　　담당변호사: XXX

　　　(전화: 02-XXX-XXXX 팩스: 02-XXX-XXXX)

피고 ○○○ ― 우리 아부지(=아버지) 존함

　　　○○시 ○○구 ○○읍 ○○길 ○○○-○○ (○○리) ― 고향집 주소

토지인도 등 청구의 소

청 구 취 지

　　1. 피고는 원고에게 별지 도면 표시 각 (1), (2), (3) 가설건축물을 철거하고 같은 도면 표시 각 1, 2, 3, 4, 1점을 순차로 연결한 선내 15평의 토지를 인도하라.

　　2. 피고는 원고에게 2021. 9. 1.부터 청구취지 제1항 기재 건물 철거 및 토지 명도 완료일까지 월 100,000원의 비율에 의한 돈을 지급하라.

　　3. 소송비용은 피고가 부담한다.

4. 위 제1, 2항은 가집행 할 수 있다.

라는 판결을 구합니다.

청 구 원 인

1. 당사자 관계

가. 원고는 2021. 8. 24. 소외 ○○○으로부터 '충남 ○○시 ○○구 ○○읍 ○○리 ○○○-8' 토지(이하 '○○○-8 토지' 라고 합니다)를 매수한 사람입니다 (갑 제1호 증 ○○○-8 토지매매계약서). 원고는 위 토지에 대하여 매매대금을 모두 지급하고 2021. 8. 30.자로 소유권이전등기를 경료하였습니다(갑 제2호 증 등기 권리증 및 토지등기부).

나. 피고는 '충남 ○○시 ○○구 ○○읍 ○○리 ○○○-6'(이하 '○○○-6 토지' 라고 합니다) 및 그 지상 건물의 소유자입니다(갑 제3호 증 ○○○-6 토지등기 부).

2. 피고의 원고 소유 토지 무단 점유

원고는 위와 같이 ○○○-8 토지를 매수하고 소유권이전등기를 경료한 후 2021. 8.30.경 피고 소유의 ○○○-6 토지 지상에 설치된 시설물이 원고의 ○○○-8 토지를 침범하여 설치되어 있는 것을 확인하였습니다.

아래 지도 및 위성 사진에서 보듯이 현재 ○○○-8 토지 상에는 건물 3개가 위치하고 있는데(건물 주소 : 충남 ○○시 ○○구 ○○읍 ○○길 ○○○-○○ — 이건 우리 고향집 주소), 확인 결과 위 건물들은 등기된 사실이 없고 건축물대장에도 신고된 바가 없는 가설건축물들로, 이 건물 3채 중 본채 절반 상당과 별채 가설건축물 2개(콘크리트 창고, 화장실)가 현재 원고 소유의 ○○○-8 토지 위에 무단으로 건축되어 있는 것입니다(갑 제4호증 토지 침범 부분에 대한 지도 및 위성 사진, 갑 제5호증 현장 사진).

이에 원고는 2021. 9. 9, 2021. 11. 1, 2021. 11. 18. 등 3차례에 걸쳐 피고에게 피고 가설건축물의 원고 토지 무단 점유 사실을 알리고 해결을 위하여 내용증명을 발송하였습니다(갑 제6호증 각 내용증명).

그러나 이에 대해 피고는 취득시효를 주장하며 원고의 요구에 응할 수 없다는 답변을 하며 토지 인도 및 건물 철거를 거부하고 있습니다. 이에 원고는 부득이 본 소송에 이르게 되었습니다.

3. 피고의 점유 취득시효 항변에 관하여

피고는 자신의 가설건축물들이 원고 소유 ○○○-8 토지를 침범하여 원고 소유 토지를 점유하고 사실 자체에 대해서는 인정하면서도,

— 잠깐, 여기서부터 진실과 다른 거짓말이 나오는데? 우리가 네 토지를 '침범'한 사실을 '인정'하고 있다고? 개새끼라 할 줄 아는 소리가 개소리밖에 없나 보다. 일단 참고 읽어줄게. (그리고 또 맞춤법 개판이네 '점유하고 사실 자체에 대해서는 인정하면서도'라니, 한글 똑바로 못쓰겠냐, 정말)

자신이 그 점유 부분에 대하여 점유취득시효를 취득하였다고 주장하고 있습니다.

그러나, 점유취득시효는 무단 점유인 경우 발생하지 않을뿐더러, 시효기간 완성시 토지소유자에게 점유 부분에 대한 등기를 청구할 수 있는 채권적 청구권으로서 효력만을 가지므로, 원고가 피고의 등기청구 이전에 ○○○-8 토지에 대하여 소유권이전등기를 경료한 이상 피고는 원고에 대하여 점유취득시효로서 대항할 수 없다 할 것입니다.

4. 피고 점유 부분에 대한 특정 및 임료 상당의 부당이득에 대한 장래 이행 청구

한편 원고는 피고의 원고 소유 토지 무단점유 부분을 특정하기 위해 한국국토정보공사 ○○지사에 토지경계측량을 의뢰하였고, 2021. 10. 21. 원고, 피고, ○○○-11 토지 소유주의 참여하에 토지측량을 실시하였습니다(갑 제7호증 토지지적측량결과부).

그 결과 피고는 소유 건축물이 약 15평가량 원고 소유 토지를 침범하고 있음이 확인되었고 피고 역시 현장에서 이를 같이 확인한 바 있습니다.

추후 소송진행에 따라 피고가 점유하고 있는 원고 소유 토지 부분의 면적에 대해 보다 정확한 특정을 위해 측량감정이 필요할 경우 이에 대한 감정신청을 할 예정입니다.

아울러 원고가 소유권 이전등기를 경료한 이후인 2021. 9. 1.부터 월 10만 원 상당의 임료를 피고의 원고 소유 토지 점유 부분에 대한 부당이득을 청구하며, 피고가 현재 계속하여 토지 인도를 거부하고 있고 확정판결이 나기 전까지는 계속하여 거부할 것이 명백하므로 피고의 원고 소유 토지 점유 부분 명도 완료일까지 장래 이행의 청구로서 이를 청구합니다.

5. 결론

이상과 같이 피고는 원고에 대하여 청구취지 기재 토지 인도 및 건물 철거 의무가 있고 임료 상당의 부당이득반환 의무가 있는바, 원고의 청구를 모두 인용하여 주시기 바랍니다.

입 증 방 법

1. 갑 제1호증   ○○○-8 토지매매계약서
2. 갑 제2호증   등기권리증 및 토지등기부
3. 갑 제3호증   ○○○-6 토지등기부
4. 갑 제4호증   토지 침범 부분에 대한 지도 및 위성 사진
5. 갑 제5호증   현장사진
6. 갑 제6호증   각 내용증명
7. 갑 제7호증   토지지적측량결과부

첨 부 서 류

1. 토지대장
2. 소가계산서
3. 소송위임장 및 담당변호사지정서

2022.02.03

　　　　원고 소송대리인

　　　　법무법인 XXXX

　　　　담당변호사: XXX

○○지방법원 ○○지원 귀중

청구취지변경 신청서

사 건 2022가단○○○○○○ 토지인도 [담당재판부:민사8단독]
원 고 XXX   원고 소송대리인
피 고 ○○○

위 사건에 관하여 원고 대리인은 다음과 같이 청구취지를 변경합니다.

변경된 청구취지

1. 피고는 원고에게 별지 2 도면 가.항 표시 각 1, 2, 3, 4, 1점을 순차로 연결한 선내 34.41m2 가설건축물, 같은 도면 나.항 표시 각 1, 2, 3, 4, 1점을 순차로 연결한 선내 22.2m2 가설건축물, 같은 도면 다. 항 표시 각 1, 2, 3, 4, 1점을 순차로 연결한 선내 85.6m2 가설건축물을 각 철거하고, 별지 1 도면 표시 각 1, 2, 3, 4, 1점을 순차로 연결한 선내 15평의 토지를 인도하라.

2. 피고는 원고에게 2021. 9.1.부터 청구취지 제1항 기재 건물 철거 및 토지 명도 완료일까지 월 100,000원의 비율에 의한 돈을 지급하라.

3. 소송비용은 피고가 부담한다.

4. 위 제1, 2항은 가집행 할 수 있다.

라는 판결을 구합니다.

2022.02.14

원고 소송대리인

법무법인 XXXX

담당변호사: XXX

제2부

제1심 재판

1

"안 부끄러우십니까?"

무더운 여름날, 어느 지방법원 법정에서 나는 감정이 가득 담긴 목소리로 판사를 향하여 소리를 질렀다. 불량교생의 분노가 폭발하는 순간이었다.

2

난생 처음 재판이란 것을 받으러 ○○지방법원 ○○지원으로 가는 길에는 무더운 여름의 공기가 있었다. 뭔가 재판정이란 곳은 사람들이 다들 정장을 쫙 빼입고 있을 것 같았지만, 나의 차림새는 추리닝에 운동화에 등짐으로 큰 배낭을 짊어진 모양새였다. 배낭에는 크고 작은 반찬통들이 잔뜩 들어 있는데, 고향에서 부모님이 김치나 반찬을 담아 보내주실 때마다 쌓인 것이었다. 재판을 받으러 내려가는 김에 겸사겸사 고향집에 들를 생각이었고, 고향집에 내려갈 때면 이렇게 쌓인 반찬통들을 들고 내려가는 게 하나의 생활 루틴(routine)이었다.

뚜벅이 신세로 전철과 버스—전철역에서 법원 방향으로 가는 버스 번호들을 미리 알아보았었는데, 이 버스 번호만 믿었다가 나중에 큰 낭패를 보게 된다.—에 의존하여 오후 14시 40분으로 지정된 시간에 늦지 않게 법정에 입정(入廷)할 수 있었다.

재판관 한 분이 조금 높은 곳에 앉아 아래를 내려다보며 재판을 진행하고 계셨고, 그 바로 앞에는 재판관을 보조하는 공무원들로 보이는 분들이 마주 앉아 재판 상황을 기록하고 계셨다. 그리고 방청석에서 재판관을 바라보는 방향에서 왼쪽에 원고석이, 오른쪽에 피고석이 있어 각각 앞 사건의 대리인인 변호사나 당사자가 자리하여 재판을 받는 정경이었다.

다음에 항소심 재판에 참정했을 때는 그래도 익숙해진 법원 풍경이라 앞선 사건들에서 어떤 변론이 오가나 귀를 기울일 여유가 생겼지만, 이때는 모든 것이 처음인 낯선 곳에서 '재판을 받는다'는 사실 자체가 어마어마한 스트레스로 다가왔던 까닭에 귀에 무슨 소리도 제대로 들리지 않았다. 그저 내 차례가 오기만을 초조하게 기다릴 따름이었다.

이윽고 차례가 되어 피고석에, 소송 당사자이신 나의 아버지를 대신하여, 어엿한 소송 대리인으로서 착석했다. 옆자리를 흘낏 보니 조금 젊어 보이는 자가 정장을 입고 자리에 앉아 있었다. 이 빌어먹을 민사 소송의 소장을 작성한 문제의 변호사였다.

잔뜩 신경이 곤두선 상태에서 드디어 그렇게 재판이 시작되었는데, 재판관이 내게 던진 첫 질문이 가관이었다:

"피고 측은 건물을 철거하고 싶으세요?"

두 차례나 조정을 거부한 데 대한 질책의 의미일 수도 있지만, 이 말은 내가 공들여 낸 답변서의 논리를 싸그리 무시하는 발언이었고, 재판관이 법률가라는 우월 의식에서 법에 문외한(門外漢)인 내가 하는 소리는 개소리로 치부하고 무시하겠다는 뜻이 내포되어 있었고, "이 재판 결과는 너에게 (그러니까 이 '너'는 '나'다) 불리하게 나올 거야."라고 선포하는 내용이었기 때문에, 이 질문에 나의 발작 버튼이 눌려 버렸다:

"건물 철거를 왜 합니까?"

분노가 가득 담긴, 억눌린 목소리로 내가 빽액 소리를 지르듯 대답하니, 내 기세에 눌렸는지 잠시 주춤한 재판관이 '법리대로 판결하겠다'며 재판을 계속 진행하는데 …… 어라? 이런 빌어먹을? 재판관이란 자가 원고 측 소송대리인인 변호사란 자와 짝짜꿍짝짜꿍 둘이 사이좋게 담소를 나누는 게 아닌가? 버젓이 피고 측 소송대리인의 자격으로 자리에 앉은 나를 배제하고서.

사실 이 '배제'란 표현은 객관적인 사실은 아닐 수 있다. 당시에 이 둘이 주고받은 얘기는 문제의 토지와 건물에 대해 '법원 감정(鑑定)'으로 정확하게 측정을 다시 할 필요가 있다면서 재판관이 그래도 괜찮겠냐고 원고 측에 동의를 구하는 내용이어서 굳이 피고 측이 견해를 피력할 상황은 아니었기 때문이다. 그러나 당시에 고향집 부모님에게 어마어마한 위해(危害)를 가하겠다고 소송을 일으킨 원고 측에 대한 울분과 이러한 부당한 소송을 용인하는 법원 측에 대한 심한 반감이 어우러져 있던 자아는 '고의적으로 따돌림을 받고 있다'고, 그들이 그들만의 약속된 플레이(play)를 하고 있다고 상황을 인식했고, (앞서 재판관이 내게 던진 무시 발언 같은 질문에 가뜩이나 최고치였던) 나의 분노 지수가, 나는 당신들의 '약속된 플레이'를 방관하지도 좌시하지도 않을 테야 라는 의지와 겹쳐져, 맥시멈(maximum)까지 치달아 버리고 말았다.

그래서 그 둘의 대화가 마무리되고, 재판관이 그럼 법원 감정—이것도 웃긴 게 이 사건의 토지 측량은 원고 측에서 한 번, 그리고 어찌저찌해서 우리 쪽에서 또 한 번 해서 이미 두 번이나 이루어진 상황이었다. 측량 결과에 대해서도 별 이의를 제기하지 않았고 다툼이 없었다. 그런데 측량을 한 번 더 한다고? 세 번이나? 굳이 또? 매우 불필요한 절차의 반복으로 비춰졌다.—을 하는 걸로 하고 다음 기일을 잡자며 재판을 마무리하려 해서, 뭐야 이거? 기껏 한참 시간 걸려 힘들게 재판에 참석했는데 이대로 아무 말도 못 하고 재판이 끝난다고? 이러면 안 되겠다 싶어서 손을 들고, "재판관님 뭐 하나만 물어봐도 되겠느냐?"고 발언 허가를 구했다. 굳이 이 허가 요청을 거부할 까닭이 없는 재판관이 그러라고 발언 기회를 내게 주었고,

"안 부끄러우십니까?"

법정이 쩌렁쩌렁 울릴 정도로 큰소리로 질문인지 질문이 아닌지 모를 질문을 뱉어 내었다. 원고 측의 잔학무도(殘虐無道)한 청구를 받아들이고 재판을 진행하고 있는 것 자체가 정의롭지 못한 행태라는 말을 하고 싶었던 건데, 이렇게 긴(?) 말을 다 뱉어낼 정신 상태는 아니었어서 고도로(?) 그 내용이 압축된 짧은 질문이 위와 같이 나와버렸다.

그러자 —무어 이런 질문을 달가워할 재판관은 이 세상에 존재하지 않을 테고, 이 질문이 제대로 재판관의 심기를 건드렸는지— 가뜩이나 나를 무시하는 태도로 재판을 진행했던 재판관이 (속된 말로 삐져 가지고는 "자알 알겠습니다."라고 아니꼬운 듯 대답하고 나서) 그 뒤로 하는 내 말을 다 커트(cut)해버렸다. 내가 원래 하고자 했던 말을 부연해서 설명하려고 몇 마디 하면 자르고 몇 마디 하면 또 자르고 해서 무슨 말을 할 수가 없었다. 그러고는 재판관은 나한테 "소송 구조란 게 있으니 그걸 해보지 않겠냐?"고, 내 뜻을 물어보는 질문의 형식인데 실질은 거의 강압적으로 소송 구조를 받아라고 명령을 내렸다. "소송 구조란 게 뭐냐?"고 물어보니, "변호사 비용을 대지 않고 변호사를 쓸 수 있는 거다."란 답이 돌아왔다. 나중에 찾아보니 소송구조제도란 소송비용을 지출할 자금 능력이 부족한 사람에 대하여 법원이 당사자의 신청 또는 직권으로 재판에 필요한 비용(인지대, 변호사 보수, 송달료, 증인여비, 감정료 기타 재판비용)의 납입을 유예 또는 면제시킴으로써 그 비용을 내지 않고 재판을 받을 수 있도록 하는 제도라고 한다. 즉, 이 말인 즉슨 재판관이 나 보고 "니 꼴로 니 아버지 소송대리인 하지 말고, 내가 변호사 지정해줄게 변호사가 너 대신 소송하게 해라."라는, 또 한 번 나를 무시하는 처우였다. 내가 "싫다!"고 하자, "그러지 마라! 소송

구조를 받아라!"고 거듭 내게 강요하며 내 의사를 무시해서 내가 두 손을 엑스(X) 자로 가슴 앞에 가로지르며 거듭거듭 "소송 구조를 받지 않겠다! 내가 아들로서 계속 아버지의 소송대리인으로서 재판에 참여하겠다!"는 뜻을 밝히고 나서야 겨우 재판관이 알았다며 자신의 뜻을 철회했다.

그렇게 내 생애 첫 재판은 재판관과 서로 신경전을 벌이며 서로의 신경을 박박 긁는 가운데 끝이 나버렸다.

3

그렇게 재판이 끝나고 고향집에 뜬금없이 깜짝 방문을 했다. 고향집 부모님께는 철저히 비밀로 하고 소송을 진행하고 있었기 때문에 어머니 아버지는 아들이 재판을 하고 온 상황인 걸 전혀 모르시는 상태였다. 그저 전에도 어쩌다 한 번씩 아들이 온단 말 한마디 안 하고 집에 오는 경우가 있었기 때문에 오늘도 그저 그런 경우겠거니 여기셨다. 등짐이었던 배낭에서 반찬통들을 다 게우고, 모처럼 고향집에서 하룻밤 자고 다음날 현 거주지로 다시 올라와서는 ─

그냥 넘어갈 수 없다! 명색이 변론기일인데 제대로 변론도 못 하다니 너무 어처구니없다! 사람을 사람으로 취급하지 아니한 괘씸한 어제의 그 재판관에 대해 뭔가 조치를 해야겠다는 심정으로 "나, 이 재판관에게 재판 못 받겠다!"는 취지의 내용을 담아 법관 기피 신청서를 작성해서 냈다.

민사소송법 제43조(당사자의 기피권) ①당사자는 법관에게 공정한 재판을 기대하기 어려운 사정이 있는 때에는 기피신청을 할 수 있다.

4

기피신청서

사건번호	20XX 가단○○○○○○ 토지인도	
	[담당재판부 : 제 민사○ (단독)부]	
원 고	(이름)	XXX
	(주소)	XX시 XX구 XX읍 XX로 XX, XXX동 XXXX호(XX리, XXXXXXXXXXX)
피 고	(이름)	○○○ (주민등록번호 ○○○○○○ - ○○○○○○○)
	(주소)	○○시 ○○구 ○○읍 ○○길 ○○○-○○ (○○리)
	(연락처 ○○○-○○○-○○○○,○○○-○○○○-○○○○)	

신청내용

위 사건에 관하여 피고 소송대리인은 담당 판사의 기피를 신청합니다.

신청취지

요컨대, 담당 판사는 **변론기일에 변론할 기회**조차 제대로 주지 않고 **박탈**했습니다. 그리고 제게 **노골적인 무시(無視)와 망언(妄言)**을 서슴지 않으셨습니다. 이런 담당 판사에게 저의 아버지의 15평 땅이 걸린 소송의 **공정한 재판을 기대하기란 불가능**에 가까워 보입니다.

신청원인

저는 피고 ○ 자, ○ 자, ○ 자를 쓰시는 아버지의 아들로서 소송대리인으로서 20XX년 X월 X일 14시 40분 ○○지원 법정동 제211호 법정에서 열린 변론기일에 참석하였습니다.

변론기일에서 담당 판사는 측량 감정에 관한 사항만 간단히 동의를 구하고 마무리하려고 하셨습니다. 이에 저는 원고 소송 대리인과 재판장님께 동시에 드릴 질문이 있다고 하고 질문을 드렸습니다. **"안 부끄러우십니까?"** 하고요.

말문을 이렇게 열었는데 담당 판사는 제 다음 발언을 아예 차단해 버리셨습니다. 제가 무슨 말을 더 하려고 하였으나 일일이 제 말을 모두 차단하여 저는 그 어떤 발언도 제대로 할 수 없었습니다.

제 첫 질문이 다소 자극적일 수도 있지만, 제 답변서에서 피력한 바와 같이 법률가로서 법적 정의를 지키는 분들의 **'법률상의 양심(良心)'**을 묻는, 꽤 중요한 질문이었습니다. **'일견 합법적으로 보이는 원고의 이번 소송행위는 실질적으로는 불법이다.'**라는 것이 저의 답변 취지의 골자이기 때문입니다. 그리고 그 **실질적 불법성**을 판단함에 있어 법률가의 양심은 중요한 기준이 되기 때문입니다.

그 뒤로 담당 판사는 저를 노골적으로 무시하셨습니다. 엄연히 소송대리인의 자격으로 나온 제게 강압적으로 소송구조신청 결정을 내리려고 하셨습니다. 제가 명시적 의사표시로써 "피고의 아들로서 제가 소송 대리를 계속 맡겠다."고 거듭 말씀을 드렸는데도 말입니다. 여러 번 완강히 거부한 후에야 겨우 제 의지를 관철할 수 있었는데, 담당 판사의 이런 강요는 피고의 소송대리인인 저를 능멸한 처사로 보입니다. **제가 원고 측 소송대리인들에게 분개하는 이유가 사회적 약자**

를 능멸(凌蔑)하는 그들의 이번 소송행위이기 때문인데 그 능멸을 재판정에서 담당 판사에게 제가 받을 줄은 꿈에도 몰랐습니다.

그리고, 정말 이해하기 힘든 말씀을 담당 판사가 저에게 하셨습니다. 제게 질문하시더군요.

"건물 철거하고 싶으세요?"

지금 이 질문이 사회적 법적 정의 관념에 반하는 원고의 건물 철거 소송에 맞서 싸우고 있는 피고 소송대리인에게 할 소리입니까? 부모님의 삶의 터전을 지키고자 피눈물을 흘리며 싸우고 있는 아들에게 할 소리냐고요? 저는 정말 제 귀를 의심할 수밖에 없었습니다.

부디 열린 마음으로 객관적으로 피고 측의 근본적인 문제 제기를 경청하고 판결을 내리실 분으로 담당 판사를 교체해 주시면 감사드리겠습니다.

이상입니다.

20XX.   XX.   XX.

피고 소송대리인   ○○○   (날인 또는 서명)

○○지방법원 ○○지원 민사○단독부 귀중

이에 대한 법원의 판단은

5

○○지방법원 ○○지원
제 10민 사 부

결　정

사　건	20XX카기XXXXX 기피
신청인	○○○　○○시 ○○구 ○○읍 ○○길 ○○○-○○
	소송대리인 ○○○

주　문

이 사건 신청을 기각한다.

신청 취지

　○○지방법원 ○○지원 20XX가단○○○○○○ 토지인도 사건에 관하여 판사 ○○○을 기피한다.

이　유

1. 신청인 주장의 요지

○○지방법원 ○○지원 20XX가단○○○○○○ 토지인도 사건을 담당하는 재판장 판사 ○○○은, 신청인의 소송대리인 ○○○에게 충분한 변론의 기회를 주지 않고 소송구조결정을 내리려한바, 공정한 재판을 기대하기 어려우므로 기피신청을 한다.

2. 판단

민사소송법 제43조 제1항의 '공정한 재판을 기대하기 어려운 사정이 있는 때'란 당사자가 불공정한 재판이 될지도 모른다고 추측할 만한 주관적인 사정이 있는 때를 말하는 것이 아니고, 통상인의 판단으로서 법관과 사건과의 관계로 보아 불공정한 재판을 할 것이라는 의혹을 갖는 것이 합리적이라고 인정될 만한 객관적인 사정이 있는 때를 말하는 것이다(대법원 2007. 11. 15.자 2007마1243 결정 등 참조).

위 법리에 비추어 보건대, 신청인이 주장하는 사유만으로는 신청인의 주관적인 의심을 넘어 대상사건 법관에게 공정한 재판을 기대하기 어려운 객관적인 사유가 존재한다고 보기 어렵고, 달리 이를 인정할 자료가 없다.

3. 결론

그렇다면 이 사건 신청은 이유 없으므로 이를 기각하기로 하여 주문과 같이 결정한다.

20XX. X. XX.

재판장 판사　○ ○ ○
판사　○ ○ ○
판사　○ ○ ○

어차피 기피 신청이 받아들여지는 건 기대도 하지 않았다. 그저 못마땅한 심정을 토로하는 걸로도 족했다. 이 에세이를 쓰는 심정과도 통하는 듯하다. 법조계라는 세상에서, 법률 공동체라는 세상에서 일어나는 불의를 받아들일 수 없는 심정을 토로(吐露)하는 것이 바로 이 에세이니까 말이다.

처음에는 이렇게 '임금님 귀는 당나귀 귀!'를 외치는 심정으로 답답한 울분을 토해내는 데 에세이를 집필하는 의의를 두려 했었다. 누가 듣든 말든 소리치고 싶었다. 어차피 난 '우물 안 개구리'니까 잘 들리기는 힘들 거라고 체념했다. 그러나 지금은 생각이 많이 달라졌다. 누군가, 되도록 많은 사람들이 내 목소리를 들어주었으면 좋겠다. 사람들의 생각이 많이 달라지기를 바란다. 그래야 한다고 믿는다.

6

　제1심 제1차 변론기일에서 겪은 수모(受侮)에 대한 나의 분노는 여기서 그치지 않았다. 날 따돌리고 지들끼리 짝짝꿍 꿍짝꿍 토지와 건물의 넓이를 측량하는 법원 감정 건을 논의한 데 대한 분노를 담아 제1심 제2차 변론기일을 위한 준비서면을 다음과 같이 작성해서 제출했다.

준비서면

사건번호	20XX 가단○○○○○ 토지인도	
	[담당재판부 : 제 민사○ (단독)부]	
원　고	(이름)	XXX
	(주소)	XX시 XX구 XX읍 XX로 XX, XXX동 XXXX호(XX리, XXXXXXXXXXX)
피　고	(이름)	○○○ (주민등록번호 ○○○○○○ - ○○○○○○○)
	(주소)	○○시 ○○구 ○○읍 ○○길 ○○○-○○ (○○리)
	(연락처 ○○○-○○○-○○○○,○○○-○○○○-○○○○)	

위 사건에 관하여 피고는 아래와 같이 변론을 준비합니다.

- 아　　　래 -

　법이 무엇인지도 모르는 자들이 법조계에서 활보하고 있는 것은 매우 유감스러운 일이 아닐 수 없습니다.

법이란, 법적 정의란 수학이 아닙니다. 산수가 아닙니다.

민법상 취득시효로 마땅히 피고 측의 소유권을 인정받아야 할, 다소 불일치의 문제가 발생한, 15평 토지에 대해서 원고 측은 줄기차게 경계 측량 자료를 증거로 법원에 제출하고 있습니다.

이렇게 넓이 계산하고 있으실 거면 신성한 법정에서 법률가란 이름으로 활동하고 있으면 아니될 것으로 사료됩니다.

어디 보습학원에 가셔서 산수를 가르치시거나, 입시학원에서 수능 수리 영역을 담당하시기를 앙망하옵니다.

법조계에 계셔야 할 법률가는 최소한 인간으로서 건전한 양심을 지니고 있어야 할 터인데 그러지 못한 현실을 목도하고 있어 매우 유감스러운 바입니다.

당위(當爲) 규범으로서의 법적 정의는 산술적 계산적 타산(打算)과는 차원이 다르다는 당위를 말씀드립니다.

이상입니다.

20XX.　　XX.　　XX.

피고 소송대리인　　○○○　　(날인 또는 서명)

○○지방법원 ○○지원 민사○단독부 귀중

7

　원래 두어 달 뒤로 잡혔던 제1심 제2차 변론기일은 감정인의 현장 감정 절차가 지연되었다는 사유를 들어 원고 측에서 기일 변경을 신청하여 좀 더 뒤로 미뤄졌다. 원래 지정되었던 기일로부터 한 달이 더 지나서야 변론기일이 속행되었고 시간도 이번에는 오후가 아니라 오전 10시 30분이었다. 부담스럽게도 오전이라 새벽에 일어나서 출발해야했다.

　계절은 이제 여름이 아니라 가을로 접어들었지만 추리닝에 운동화에 등짐으로 큰 배낭을 짊어진 차림새는 똑같았고 길을 나설 때만 해도 마음은 여유로웠다. 한 번 가봤던 길이고 시간도 넉넉하게 맞춰 출발했다고 생각했기 때문이다. 그러나 전철역에서 내려서 법원으로 가는 버스를 기다리면서 마음은 점점 초조해져 갔다. 법원으로 가는 버스 시간의 배차 시간이 몇십 분마다 한 대씩이라 한참 기다려야 했기 때문이다. 미리 법원으로 가는 버스 번호를 몇 개 알아보고 왔는데 배차 시간까지는 미처 확인하지 않았던 게 내 불찰이었다. 그렇게 애타게 버스를 기다리다가 기다리던 번호 중에 하나가 와서 대뜸 버스에 올라탔다. 이때까지만 해도 법원 시간에 얼추 맞게 도착하겠다 안심하면서.

　그런데 아무리 가도 안내 방송으로 기다리던 법원 정거장이 나오지 않아 이상해서 버스 기사 분께 "언제 법원이 나오냐?"고 여쭤봤더니, "법원은 한참 전에 지났는데?"라는 답변이 돌아와 정신이 멍해졌다. 이런, 내가 반대 방향으로 가는 버스를 탔다고 한다! 저번에 버스를 탔던 곳에서 똑같이 버스를 탔지만 그때랑 번호가 다른 버스를 타서 버스 경로가 달랐던 것이다. 허망한 마음으로 급히 버스에서 내려 부랴부랴 택시를 잡아타고 택시 기사 분께 늦었다고 법원으로 빨리 좀 기달라고 말씀드리며 법원을 향했지만 법원에 도착했을 때는 이미 예정된 법원 변론기일 시간은 20분 가량 지나버리고 난 뒤였다.

그래도 혹시나 내 차례가 오지 않을까? 하는 마음으로 지각생으로 법정에 들어가 뒤에 서서 변론이 진행되는 과정을 지켜보았다. 뒤에 혼자 우뚝 서서 앞에 홀로 우뚝 앉아 재판을 진행하는 재판관을 정면으로 마주 대했다. (참고로 당시에 나는 분명히 재판관과 눈이 마주쳤다고 느꼈다.) 뭐랄까, 원고와 피고의 주장을 경청하며 재판을 주관하는 재판관의 모습이 좀 멋지단 생각이 들었다. 수없이 바뀌는 원고와 피고를 마주하며 수없이 많은 사건들에 대해 판결을 내리며 사회 질서를 유지하는 임무를 수행하는 모습에 마음속에서 존경심이 절로 샘솟아 올랐다. 내가 비록 이 에세이에서 이 1심 판사를 통렬히 비판하는 글을 쓰고 있긴 하지만, 그 저변에는 판사란 직업에 대한 남다른 경의가 내재되어 있다는 사실을 확실히 해두고 싶다. 내가 신랄하게 법조계를 깎아내리는 — (속된 말로) 까는— 까닭은 그만큼 법조계에 대한 애정과 신뢰가 크기 때문이라는 사실을.

그렇게 멀뚱히 재판 과정을 지켜보고 있었지만 아무래도 내 순서가 오지 않을 것 같은 기분이 들어서 뒤에 문가에 앉아 계신 법원 관계자 분께 소곤소곤 사정을 말씀드렸더니, 그분 책상에 있던 컴퓨터로 확인해 보시고는 재판은 이미 진행되었고 달리 특별한 내용은 없었으며 선고기일이 20여 일 뒤인 내달 초에 잡혔다고 친절히 알려주셨다.

그렇게 헛걸음해서 재판에 출석도 하지 못한 채 (이때 내가 불출석한 것을 나중에 1심 재판관이 꼬투리를 잡을 줄은 꿈에도 모른 채) 제1심 제2차 변론기일이 허무하게 마무리되었다.

8

　　마찬가지 패턴으로 법원을 나와 고향집에 깜짝 방문을 했는데, 아들은 여전히 재판이 진행 중인 사실을 숨기고 있었지만, 고향 부모님은 이번에는 재판이 진행 중이라는 사실을 이미 알고 계셨다. 왜냐하면 법원 감정으로 토지를 측량하러 그사이에 사람들이 한 번 또 왔었고, 그때 원고 측 변호사도 와서 재판이 한 번 있었다는 사실을 우리 부모님께 알려주었다고 한다. 아들은 이 재판은 3심까지 세 번 갈 거라고, 따라서 지금 1심은 전혀 중요한 게 아니니까 신경을 끄고 잊고 있으라고, 지금껏 누누이 말씀드린 내용들을 다시 말씀드리며 부모님을 안심시켜 드리려고 노력했다. (이때까지만 해도 1심에서 당연히 '전부' 패소하리라 생각하고 있었기 때문에 '지금 우리가 지더라도 별 문제가 아니다.'라는 사실을 말씀드리고 싶었다. 물론 우리가 1심에서 질 거라는 얘기를 해드릴 마음은 전혀 없었고, 실제로 그런 얘기는 전혀 하지도 않았지만.)

9

　　1심 판결문이 나왔다.

○○지방법원 ○○지원
판　　결

사　　건	20XX 가단○○○○○○ 토지인도
원　　고	XXX
	XX시 XX구 XX읍 XX로 XX, XXX동 XXXX호(XX리,
	XXXXXXXXXXX)
	소송대리인 법무법인 XXXX　담당변호사 XXX
피　　고	○○○
	○○시 ○○구 ○○읍 ○○길 ○○○-○○ (○○리)
	소송대리인 ○○○
변 론 종 결	20XX. XX. XX.
판 결 선 고	20XX. XX. XX.

주　문

1. 피고는 원고에게 별지1 도면 표시 1, 2, 3, 4, 1의 각 점을 순차로 연결한 선내 부분
   토지 15평을 인도하라.
2. 원고의 나머지 청구를 기각한다.
3. 소송비용은 피고가 부담한다.
4. 제1항은 가집행할 수 있다.

청구 취지

주문 제1항 및 피고는 원고에게 ① 별지2 도면 가항 표시 1, 2, 3, 4, 1을 순차로 연결한 선내 34.41㎡ 가설건축물, ② 같은 도면 나항 표시 1, 2, 3, 4, 1을 순차로 연결한 선내 22.2㎡ 가설건축물, ③ 같은 도면 다항 표시 1, 2, 3, 4, 1을 순차로 연결한 선내 85.6㎡ 가설건축물을 각 철거하라.

이 유

1. 기초사실

가. 원고는 20XX. X. XX. XX시 XX구 XX읍 XX리 XXX-X 대 407㎡(이하 '원고 토지'라 한다)에 관하여 거래가액을 4,300만 원으로 하여 20XX. X. XX. 매매를 원인으로 한 소유권이전등기를 마쳤다.

나. 피고는 같은 리 ○○○-○ 대 136㎡(이하 '피고 토지'라 한다)에 관하여 19○○. ○. ○. 상속을 원인으로 소유권이전등기를 마쳤고, 그 지상 및 인접 토지에 건축된 별지2 도면 기재 각 무허가 건물(이하 '이 사건 각 건물'이라 한다)의 소유자이다.

다. 피고 소유의 이 사건 각 건물 중 일부분이 원고 토지 중 별지1 도면 표시 1, 2, 3, 4, 1의 각 점을 순차로 연결한 선내 부분 토지 15평(이하, '해당 토지'라 한다)중 일부를 침범하고 있고, 해당 토지는 이 사건 각 건물의 부지 및 피고의 주거지로 사용되고 있다.

[인정근거] 다툼 없는 사실, 갑 제1 내지 12호증, 을 제1호증(각 가지번호 포함)의 각 기재 및 영상, 한국국토정보공사에 대한 측량감정촉탁결과, 변론 전체의 취지

2. 청구원인에 대한 판단

가. 해당 토지는 원고의 소유인 사실, 피고가 해당 토지를 점유하여 피고의 주거지로 사용하면서 해당 토지 중 일부를 이 사건 각 건물의 부지로 사용하고 있

는 사실은 앞서 보았다. 따라서 **원고는 소유권에 기한 방해배제청구권에 기하여 위 침범 부분 지상의 각 건물의 철거를 구할 수 있으므로** 특별한 사정이 없는 한, **피고는 원고에게 해당 토지 지상의 건물을 철거하고, 해당 토지를 인도할 의무가 있다.**

나. 한편 원고는 피고에게 해당 토지 지상의 건물뿐 만 아니라, 이 사건 각 건물 전체의 철거를 구하고 있다. 살피건대, **원고가 해당 토지 부분 소유권 내지 그 방해배제청구권에 기하여 피고에게 그 부분 지상 건물의 철거를 구할 수는 있다고 하더라도, 위 침범 부분이 아닌 다른 토지 지상에 건축된 이 사건 각 건물 전부의 철거를 구할 수는 없다.**

다. 나아가 원고가 이 사건 각 건물 전체의 철거를 구할 뿐 해당 토지를 침범한 지상의 건물 면적을 특정하지 않고 있는 점에 비추어 보면, 원고는 이 사건 소로써 이 사건 각 건물 전체의 철거를 구할 뿐, 그 양적 일부인 해당 토지 지상의 건물 부분만의 철거를 구하는 취지가 포함되어 있는 것으로 해석할 수는 없다.

따라서 **원고가 해당 토지 지상의 건물 부분 철거를 별소로 구하는 것은 별론으로 하되, 이 사건 각 건물 전체의 철거를 구하는 원고의 이 부분 청구는 이유 없다.**

3. 피고의 주장에 대한 판단

피고는 **취득시효가 완성되었다**거나, **원고의 철거 및 토지 인도 청구는 권리남용에 해당한다**는 내용으로 주장하나, 피고가 제출한 증거들만으로는 이를 인정하기 부족하고, 달리 이를 인정할 증거가 없다. **오히려 피고는 원고의 측량감정에도 응하지 않는 것으로 보이고, 피고의 소송대리인 ○○○은 제2회 변론기일 통지서를 송달받고도 이 법정에 출석하지도 않았다.**

4. 결론

그렇다면 원고의 이 사건 청구는 **위 인정 범위 내에서 이유 있어 인용**하고, **나머지 청구는 이유 없어 이를 기각**하되, 소송비용은 민사소송법 제101조 단서에 따라 피고가 부담한다.

판사 ○○○

[별지 1]

도 면

○○○○ ○○시 ○○구 ○○읍 ○○길 ○○○-○○

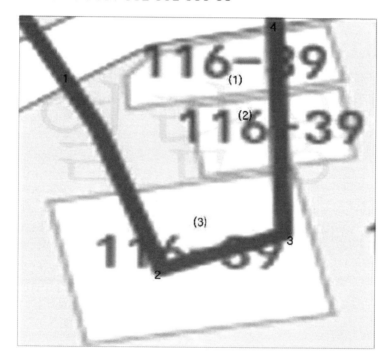

[별지 2]

도 면

가. ○○○○ ○○시 ○○구 ○○읍 ○○길 ○○○-○○ 소재 가설건축물(1) 평면도

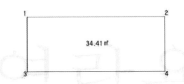

면적 : 34.41㎡(가로 9.3m, 세로 3.7m)
용도 : 임시창고
구조 : 시멘트벽돌조 슬레이트지붕 단층

나. ○○○○ ○○시 ○○구 ○○읍 ○○길 ○○○-○○ 소재 가설건축물(2) 평면도

면적 : 22.2㎡(가로 6m, 세로 3.7m)
용도 : 간이 외부화장실
구조 : 시멘트벽돌조 슬레이트지붕 단층

다. ○○○○ ○○시 ○○구 ○○읍 ○○길 ○○○-○○ 소재 가설건축물(3) 평면도

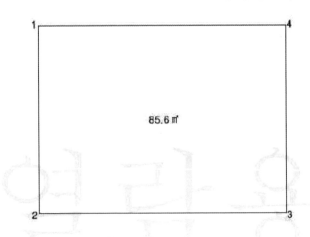

면적 : 85.6㎡(가로 10.7m, 세로 8m)
용도 : 임시주택
구조 : 황토조 슬레이트지붕 단층

10

…… 예상했던 그대로 판결이 나왔지만, 예상하지 못했던 판결 내용도 있었고, 판결이라고 하기도 뭣한 어처구니없는 내용까지 들어 있어서 당혹스러웠다.

이때까지는 으레 지겠거니 생각하고 있었고 예상대로 패소 판결이 나왔다는 점은 전혀 놀랍지 않았다. 그런데 당연히 원고의 주장을 인용하는, 원고 전부 승소 판결이 나오리라 예상했었는데, 원고의 주장을 '전부' 인용하지 않고, '일부'만 인용한, 원고 일부 승소란 점은 내가 예상하지 못한 부분이었다. 건물이 경계에 걸쳐 있으니 경계를 넘은 '일부'만 철거하라고 주장했어야지, 경계너머의 건물까지 '전부' 철거하라고 할 수는 없다는 뜻이었다. 일견 타당해 보이는 논리지만, **뭐? '일부 철거'라고? 건물을 어떻게 일부만 철거할 수 있단 말인가?** 도저히 납득할 수 없는 판결이었다.

게다가 어처구니없는 말씀까지 하셨는데, 판결문 말미에 '피고가 원고의 측량감정에도 응하지 않는 것으로 보이고, 피고의 소송대리인은 제2회 변론기일 통지서를 송달받고도 이 법정에 출석하지도 않았다'니 …… 내가 측량감정에 응하지 않은 적이 있었던가? 그런 적은 전혀 없었는데? 그동안 내가 줄기차게 토지 측량의 '정확성'은 인정한다고까지 했건만 이 무슨 '헛소리'신가? 당신들이 넓이를 계산하고 있는 꼴이 우습다고 준비서면에 적은 내용을 넓이계산에 불응한다는 뜻으로 이해하신 건가? **이봐, 1심 재판관, 난 측량감정에는 군말없이 순순히 다 응했어. 측량감정 결과를 재판에, 판결에 '절대적인 근거'로 사용하려는 당신들의 해석에 문제가 있다는 문제를 제기한 거지.**

그리고 설마 그때 내가 지각해서 제2차 변론기일에 출석하지 못한 걸 판결문에 적시할 줄이야! 내가 정말 그때 재판정에 출두를 안 했다면 이런 말도 군

말 없이 받아들이겠지만 늦게라도 헉헉대며 출석했었기에 이렇게 날 불성실한 사람으로 매도(罵倒)하는 표현을 곱게 인정할 수는 없었다.

제 3 부

항소심 재판

11

상식적으로 납득할 수 없는 판결이 나왔으니 싸워야 했다. 일반인에게는 낯선 법률 용어가 한두 개가 아니지만, 이러한 불복 절차에 관한 용어도 항소? 항고? 상소? 상고? 다 말들이 비슷비슷했다. 그래서 내가 작성해야 할 게 항고 장인지 상고장인지 헷갈려 그 개념부터 잡아야 했다.

일단 불복 대상이 판결이냐 판결이 아니냐로 나누어야 한다. 판결에 대해서는, 제1심 판결에 불이익을 받은 당사자가 제1심 판결의 부당함을 제2심 상급 법원에서 다투는 것을 항소, 제2심 항소심 판결의 부당함을 제3심 상급 법원에서 다투는 것은 상고라고 부른다. 이 항소와 상고를 통틀어 상소라고 하고, 항고는 판결이 아닌, 결정이나 명령의 부당함을 다투는 절차라고 한다.

민사소송법 제390조(항소의 대상) ①항소(抗訴)는 제1심 법원이 선고한 종국판결에 대하여 할 수 있다. 다만, 종국판결 뒤에 양 쪽 당사자가 상고(上告)할 권리를 유보하고 항소를 하지 아니하기로 합의한 때에는 그러하지 아니하다.

민사소송법 제422조(상고의 대상) ①상고는 고등법원이 선고한 종국판결과 지방법원 합의부가 제2심으로서 선고한 종국판결에 대하여 할 수 있다.

민사소송법 제439조(항고의 대상) 소송절차에 관한 신청을 기각한 결정이나 명령에 대하여 불복하면 항고할 수 있다.

그러니까 지금 내가 다투는 것은 항소이고, 항소니까 인터넷에서 항소장 서식을 다운로드 받아 어떻게 써야할지 목차를 살펴보았다. 다운로드 받은 서식들 중에 '항소장'이란 서식은 목차가 달랑 세 가지로 원판결의 표시, 항소취지, 항소이유만 나와 있었다. 간단해서 좋긴 한데 이 서식을 바탕으로 항소장을 작성하는 데는 무리가 있었다. '항소이유서'란 서식이 큰 목차마다 각각 세부 목차들이 자세히 나뉘어 있어, 처음 항소장이란 걸 쓰는 나로서는 이 서식이 쓰기 편했다. 그래서 항소이유서의 세부적인 틀대로 쓰되 항소장의 큰 틀도 가져와서, 즉 이 두 서식을 합쳐서 얼추 이들 서식에 맞게 항소장을 완성하여, 1심 판결이 선고된 후 10일 후에 ─민사소송법상 항소장 제출 기간을 준수하여─ 법원에 정식으로 제출할 수 있었다.

민사소송법 제396조(항소기간) ①항소는 판결서가 송달된 날부터 2주 이내에 하여야 한다. 다만, 판결서 송달전에도 할 수 있다.

②제1항의 기간은 불변기간으로 한다.

12

항 소 장

항소인(피고) (이름)   ○○○ (주민등록번호 ○○○○○○ - ○○○○○○○)

(주소)   ○○시 ○○구 ○○읍 ○○길 ○○○-○○ (○○리)

(연락처 ○○○-○○○-○○○○,○○○-○○○○-○○○○)

피항소인(원고) (이름)   XXX

(주소)   XX시 XX구 XX읍 XX로 XX, XXX동 XXXX호(XX리,

XXXXXXXXXXX)

사건번호   20XX 가단○○○○○○ 토지인도 [담당재판부 : 제 민사○ (단독)부]

위 당사자 사이의 ○○지방법원 20XX 가단XXXXXX 토지인도 청구사건에 관하여 피고는 귀원이 20XX. XX. XX. 선고한 판결에 대하여 2022. XX. XX. 송달받고 이에 불복하므로 항소를 제기합니다.

원판결의 표시

판사 ○○○은 원고의 청구를 일부 인용하여 피고는 원고에게 토지 15평을 인도하라는 주문으로 판결을 내렸습니다.

항소취지

위 판사 ○○○의 판결은 명백히 (소유권에 관한) 민법 제211조, 제212조, 제213조, 제214조, (반사회질서의 법률행위에 관한) 민법 제103조, (권리남용에 관한) 민법 제2조, (취득시효에 관한) 민법 제245조에 관하여 법령 해석을 잘못한 법리 오해가 있기 때문에 이에 항소합니다.

항소이유

이 사건에 관하여 피고 항소인 대리인 ○○○은 다음과 같이 항소이유를 제출합니다.

1. 제1심 판단과 불복범위

가. 이 사건의 청구내용

원고는 피고에게 ① 별지2 도면 가항 표시 1, 2, 3, 4, 1을 순차로 연결한 선내 34.41㎡ 가설건축물, ② 같은 도면 나항 표시 1, 2, 3, 4, 1을 순차로 연결한 선내 22.2㎡ 가설건축물, ③ 같은 도면 다항 표시 1, 2, 3, 4, 1을 순차로 연결한 선내 85.6㎡ 가설건축물을 각 철거하라는 청구를 하였습니다.

나. 제1심의 판단 요약

판사 ○○○은 원고의 청구를 일부 인용하여 피고는 원고에게 토지 15평을 인도하라는 주문으로 판결을 내렸습니다.

다. 항소인의 불복 부분

⑴ 제1심 판결에서 불복하는 주요 부분

위 판사 ○○○은 15평 토지에 대하여 원고의 권리를 인정하였으나, 이 15평 토지에 대한 권리는 피고에게 귀속됨이 마땅합니다.

(2) 제1심 판결을 수긍할 수 없는 주된 이유
위 판사 ○○○의 판결은 명백히 관련 민법의 법령 해석을 잘못한 법리오해가 있습니다.

2. 제1심 판결의 잘못에 관하여

가. 사실오인 부분

(1) 관련 제1심 판결 판시 부분
없습니다. 피고 측은 일관되게 원고 측의 경계 측량 자료의 정확성을 인정해온 바입니다.

나. 법리오해 부분

(1) 관련 제1심 판결 판시 부분
제1심 판사 ○○○은 15평 토지에 대해 경계 측량 자료를 증거로 삼아 원고 측의 등기가 유효하다고 판단하였으나, 이 15평 토지에 대해 유효한 등기를 가지신 분은 ○ 자, ○ 자, ○ 자를 쓰시는 피고 되시는 저의 아버지십니다. 설령 원고 측의 등기가 유효하더라도 이 15평 토지에 대한 정당한 사용권은 역시 ○ 자, ○ 자, ○ 자를 쓰시는 피고 되시는 저의 아버지께서 가지고 계십니다.

(2) 항소이유의 주장
제1심 판사 ○○○은 이 15평 토지에 대하여 실체관계에 부합하는 등기가 누구의 것인지에 관한 판단의 오류를 범하고 있습니다.
이 15평 토지가 있는, ○○시 ○○구 ○○읍 ○○리라는 곳은 **대한민국**

의 **소외 지역**으로, 버스도 다니지 않았던, 최근에야 정기적으로 버스가 다니는, 외진 지역입니다. 이런 시골 지역에서 등기를 하고 자신의 땅에서 평생 살아오신 어르신들 중의 한 명이 바로 피고인 ○ 자, ○ 자, ○ 자를 쓰시는 저의 아버지십니다.

세상에 이런 시골에서, 이런 외진 곳에서 몇십 년 전인 옛날에 경료한 등기가, 원고 측이 뻔뻔스럽게 들이밀고 있는 경계측량 자료와 위성사진으로 잰 듯이 딱딱 정확하게 맞아들어가야 한다고 제1심 판사 ○○○은 가정하고 기대하는 것으로 보입니다. 제1심 판사 ○○○의 그러한 가정과 기대가 올바르다고 보십니까? 한국국토정보공사의 존재 자체, 측량기사들이 오늘도 열심히 경계를 측량하러 다니고 있다는 사실 자체가 대한민국에 그렇게 정확히 측량하면 어긋나는 토지들이 상당하는 증거가 아니겠습니까?

이러한 현실 속에서 자로 딱딱 잰 듯한 정확성을 소유권 귀속의 척도로 삼는 것은 명백히 부당하다는 것이 피고 측의 주장 내용입니다. **원고 XXX은 우리 법이 보호할 제3자에 해당하지 않습니다.** 오히려 실상은 악의가 게재되어 있고, 그 악의도 상당히 악랄한 악의라는 점을 간과하지 말아주시기를 앙망하옵니다.

더 큰 문제가 있습니다. 제가 처음의 답변서에서 강조한 **기본과 근본과 인간**에 관한 심각한 문제입니다.

지금 이른바 '이웃'이라는 자가 도시도 아니고 시골 촌구석에 이사를 오자마자 한평생 그곳에 사시는 어르신들에게 다짜고짜 공갈협박장 같은 건물 철거를 주요 내용으로 한 내용증명우편들을 보내고, 급기야 건물 철거를 주요 내용으로 한 이런 비인간적인 소송까지 서슴지 않고 진행하고 있습니다. 이를 당연한 권리인 양 버젓이 소장을 작성한 XXX(제1심 소송대리인 변호사) 같은 자가 있고, 이를 인정한 ○○○ 같은 판사까지 있습니다.

도대체 지금 우리 대한민국의 법공동체기 어떻게 돌아가고 있는 겁니까? 법을 수호하시느라 오늘도 노고가 많으신 건 잘 알겠는데, 도대체 어떠한 법공동체를 구현하시려고 하고 있는지 저는 도무지 이해하기가 어렵습니다. **'이웃'이 사라진, 이웃 간에 조금만 이해관계에 어긋나도 다 부숴버리겠다고 이런 절차를 밟는, 이런 법공동체가 당연하다고 보십니까? 정당하고 정의롭다고 생각하십니까?**

이건 전혀 정의롭지도 정당하지도 않은 불법입니다. 원고 측은 모든 합법적 절차를 다 거쳤다고 생각할지도 모르겠습니다. 그러나 우리나라에는 벌써 30년도 넘게 헌법재판소를 제도화해오고 있습니다. 합법이 합법이 아닐 수 있다는, 진정한 정의를 구현하려는 법정신을 실체화한 제도가 헌법재판소인 것이고, 법의 수호자 분들께서는 **외양은 합법으로 보이지만, 실질은 불법**인지 아닌지 재삼재사 고려하셔서 판결을 내려주시면 감사하겠습니다.

제1심 판사 ○○○은 기존의 판결례들을 바탕으로 너무 기계적으로, 자동적으로 판단을 내린 것으로 보입니다. 그리고 본인 입으로 (피고가) 측량결과에는 다툼이 없다고 적시했으면서도 피고는 원고의 측량감정에도 응하지 않는다는 모순된 말을 늘어놓고 있고, 피고의 소송대리인 ○○○은 제2회 변론기일 통지서를 송달받고도 이 법정에 출석하지도 않았다는 말까지 하고 있습니다. 그날 부지런히 갔으나 방향을 헷갈려서 제가 조금 늦게 법정에 들어갔습니다. 판사 ○○○은 (다음 사건을 진행하는 중이셨지만, 제 복장이 특이해서 제게 시선이 안 갈래야 안 갈 수가 없었고) 그날 분명히 저랑 눈이 마주쳤습니다. 더구나 제1회 변론기일에서 저를 그렇게 아니꼽게 보면서 제 발언 기회를 다 차단하셨던 분이라 전 단단히 눈도장이 찍혔다고 생각했습니다. 그런데 저렇게 '불출석'이란 말을 판결문에 적시하다니, 저로서는 제1심 판사 ○○○이 제게 상당히 악감정을 가지고 있다고밖에 생

각할 수 없고, **과연 제가 헌법상 보장된 공정한 재판을 받은 건가? 의심스**
럽기까지 합니다.

요컨대, 시골 외진 지역에서 수십 년 등기를 경료하고 살아오신 우리의 어
르신들의 등기는 비록 자로 잰 듯이 정확하지는 않더라도, 15평 정도의
오차가 발생했더라도 마땅히 그 등기의 효력을 인정해야 마땅하고, 설령
그 등기의 효력을 인정할 수는 없다 하더라도 15평 토지에 대한 사용권은
계속 피고이신 ○ 자, ○ 자, ○ 자 쓰시는 저의 아버지가 갖도록 해야 합
니다. 이게 정의롭고 정당한 유일한 판결입니다.

피고 측의 이러한 주장과 배치되는, 기존의 (소유권에 관한) 민법 제211조,
제212조, 제213조, 제214조, (반사회질서의 법률행위에 관한) 민법 제103
조, (권리남용에 관한) 민법 제2조, (취득시효에 관한) 민법 제245조에 관한
법령 해석 판례들은 수정되거나 변경되어야 합니다.

지금 공동체 유지의 질서가 아니라 공동체 파괴의 질서가 만연되어 있다
는 사실을 인지하시고, 기본과 근본과 인간과 인간의 관계 등 우리 법공동
체가 나아갈 방향에 대해 한 번 더 고민해주시기를 앙망하옵니다.

원고 측이 소장의 내용으로 제출한 "① 별지2 도면 가항 표시 1, 2, 3, 4, 1
을 순차로 연결한 선내 34.41㎡ 가설건축물, ② 같은 도면 나항 표시 1, 2,
3, 4, 1을 순차로 연결한 선내 22.2㎡ 가설건축물, ③ 같은 도면 다항 표시
1, 2, 3, 4, 1을 순차로 연결한 선내 85.6㎡ 가설건축물을 각 철거하라."라
는 **문장은,** 문장을 보고 쓰는 일을 평생 업으로 삼아온 저의 눈으로는 '**세**
상에서 가장 더러운 문장' 중의 하나라고 감히 꼽을 수 있을 정도로 **매우 정**
의롭지 못한 문장입니다. 이러한 **불법적인 문장**이 감히 신성한 법정에 출
입할 여지가 없도록 **새로운 판결례를 구축하고 확립해주시기를 앙망하는**
바이옵니다.

3. 항소심에서 새롭게 신청할 증거와 그 증명취지

가. 신청증거 내용

　없습니다.

4. 항소심에서의 조정·화해절차에 관한 의견

가. 절차의 희망 여부

⑴ 희망　⑵ 불희망 √ **희망하지 않습니다.**

5. 그 밖에 재판진행에서 고려를 요청하는 사항

가. 당사자 본인의 최종진술을 희망하는지 여부(민사소송규칙 제28조의3)

　희망하지 않습니다.

나. 기일지정과 관련된 희망 사항

　날짜는 상관없는데, 시간은 가급적 오전 시간은 피해주셨으면 좋겠습니다. (제1심 제2차 변론기일이 오전에 잡혔었는데, 서둘러 갔으나 늦은 경험이 있기 때문입니다.)

다. 그 밖의 사항 (상대방에 요청하는 사항)

　원고 측은 지금이라도 본인들의 잘못을 진심으로 뉘우치고, ○ 자, ○ 자, ○ 자 쓰시는 저의 아버지, ○ 자, ○ 자, ○ 자 쓰시는 저의 어머니를 찾아가 죄송하다고 사죄하고, 15평 토지는 계속 당신들이 쓰시라고 말씀드리고, (증거랍시고 계속 제출하고 있는 경계측량자료들은 쓰레기통에 갖다버리고) **현재 있는 그대로의 경계를 확정짓는 절차를 진행하기를 앙망하옵니다.**

　내용증명부터 시작되어 지금까지 저의 부모님을 악몽에 시달리게 하고, 아들인 내 눈에 피눈물이 나게 한 죄는 도저히 용서할 수 없는 심정이지만, 지금이라도 늦었지만 정의롭고 인간답게 처신을 하신다면 저도 생각을 달리하겠습니다. 원고 **XXX은 15평 토지에 눈이 멀어, 세상에서 가장 선량한 '이웃'을 사귈 기회를 영원히 잃고 있는 것은 아닌가 현명하게 판단하시기를 앙망하옵니다.**

6. 관련사건의 진행관계

가. 관련 민사사건

없습니다.

나. 관련 형사사건 (수사기관의 조사 여부 포함)

아직은 진행되고 있지 않습니다.

20XX.　　XX.　　XX.

항소인(피고)　　　○ ○ ○　　　(서명 또는 날인)

휴대전화를 통한 정보수신 신청

위 사건에 관한 재판기일의 지정.변경.취소 및 문건접수 사실을 예납의무자가 납부한 송달료 잔액 범위 내에서 아래 휴대전화를 통하여 알려주실 것을 신청합니다.

■ 휴대전화 번호 : ○○○-○○○○-○○○○

20XX.　　XX.　　XX.

신청인 항소인　　○ ○ ○ (서명 또는 날인)

○○지방법원 귀중

민법 제211조(소유권의 내용) 소유자는 법률의 범위내에서 그 소유물을 사용, 수익, 처분할 권리가 있다.

민법 제212조(토지소유권의 범위) 토지의 소유권은 정당한 이익있는 범위내에서 토지의 상하에 미친다.

민법 제213조(소유물반환청구권) 소유자는 그 소유에 속한 물건을 점유한 자에 대하여 반환을 청구할 수 있다. 그러나 점유자가 그 물건을 점유할 권리가 있는 때에는 반환을 거부할 수 있다.

민법 제214조(소유물방해제거, 방해예방청구권) 소유자는 소유권을 방해하는 자에 대하여 방해의 제거를 청구할 수 있고 소유권을 방해할 염려있는 행위를 하는 자에 대하여 그 예방이나 손해배상의 담보를 청구할 수 있다.

민법 제103조(반사회질서의 법률행위) 선량한 풍속 기타 사회질서에 위반한 사항을 내용으로 하는 법률행위는 무효로 한다.

민법 제2조(신의성실) ①권리의 행사와 의무의 이행은 신의에 좇아 성실히 하여야 한다.

②권리는 남용하지 못한다.

민법 제245조(점유로 인한 부동산소유권의 취득기간) ①20년간 소유의 의사로 평온, 공연하게 부동산을 점유하는 자는 등기함으로써 그 소유권을 취득한다.

②부동산의 소유자로 등기한 자가 10년간 소유의 의사로 평온, 공연하게 선의이며 과실없이 그 부동산을 점유한 때에는 소유권을 취득한다.

13

　위와 같이 항소장을 제출하고 나서 소송비용으로 인지액(법원서비스에 대한 수수료)이랑 송달료(소송상의 서류를 당사자 또는 상대방에게 송달하기 위하여 소요되는 비용)─합쳐서 6,9500원─를 내야 했다. 가상계좌를 이용하여 소송비용을 납부할 수 있게 안내가 되어 있어서, 이 안내대로 인지액 및 송달료를 납부하려는데, 아직 가상계좌가 개설이 되지 않았다는 메시지가 자꾸 뜨며 오류가 나서 애를 먹었다. 어떤 일을 하는 절차에 있어 본질적인 일이 있고 부수적인 일이 있기 마련인데, 항소 비용 납부는 항소장 제출이라는 본질적인 일에 비하면 부수적인 일에 불과했다. 이렇게 별로 중요하지 않은 부수적인 일에 시간과 에너지가 낭비되는 건 **─건물 토지라는 부수적인 사물에 눈들이 멀어 인간이라는, 인간관계라는 본질적인 사항을 도외시하는 이 한심한 민사 소송처럼─** 기분이 언짢은 일이었다. 고객센터에 문의했더니 개인 사용자의 PC환경, 운영체제 등 여러 가지 원인이 있을 수 있어 확답은 드리기 어렵고, 법원 사용자지원센터 02-3480-1715(평일 9시~18시)로 연락 주시면 원격 처리 등을 이용하여 직접 도움을 드리도록 해주겠다는 답은 받을 수 있었다. 그러나 원격 도움까지는 가지 않았고, 인터넷으로 가상계좌를 개설하려는 삽질을 여러 차례 했더니 결국은 계좌가 개설되어 무사히 소송비용을 납부할 수 있었다.

14

지금껏 전자 소송으로 소송이 진행되었고, 이용해 온 것도 전자 소송 사이트였기 때문에, 나는 그 뒤의 절차도 당연히 전자 소송으로, 전자 소송 사이트에서 진행하면 될 줄 알았다. 그런데 그게 아니었다. 당사자인 아버지의 인증서가 없어서 전자 소송으로 진행을 더 할 수 없었던 것이다. 그러던 차에, 항소장을 제출한 뒤 한 달이 조금 넘은 — 한 해가 저물어가는 겨울이었고, 눈이 내리는 차가운 날씨였다. — 시점에서, 법원에서 보낸 항소장 보정권고라는 것이 고향집으로 날아들었다. 난데없이 법원에서 또 뭐가 날아들어 어찌할 바 모르는 어머니 아버지의 목소리를 — 또 잔뜩 움츠러드신 아버지의 목소리가 아들의 심장을 후벼팠다. — 전화상으로 들으며, 아들도 보정권고라니 뭘 보정하라는 건지 알 수 없어 일단 내용을 확인해봐야 할 터라서, 아버지께 받은 우편물을 들고 그대로 우체국에 가서서 등기로 아들에게 보내라고 말씀드렸다. 늘 그랬듯이, 아무 걱정 마시라고, 신경 끊으시라고 달래드리며 전화를 끊었다.

그리하여 다음날 받은 보정권고문의 내용은 다음과 같았다.

○○지방법원
제3-1민사부
보 정 권 고

사 건	20XX나○○○○○○ 토지인도
	[XXX / ○○○]

피고(항소인) ○○○ 귀하

다음 사항을 보정기한까지 보완하여 주시기 바랍니다.

보정기한: 송달된 날로부터 7일 이내

보완할 사항

1. 아래 예시를 참조하여 항소취지를 명확히 기재한 항소취지정정신청서를
제출하시기 바랍니다.

☞ 예시〉 원고가 일부 승소한 판결에 대하여 피고가 항소 경우

[피고 : 패소부분 전부 항소]

1. 제1심 판결 중 피고 패소부분을 취소하고, 위 취소부분에 해당하는 원고
의 청구를 기각한다.

2. 소송총비용은 원고가 부담한다.

20XX. XX. XX.

법원주사보   ○○○

※ **문의사항 연락처 : ○○지방법원 제3-1민사부 법원주사보 ○○○**

전화 : ○○○-○○○-○○○○(재판요일:금요일)

팩스 : ○○○-○○○-○○○○   e-mail :

이게 뭔 말인가 싶어 '모르면 또 물어봐야지.'하고 적혀 있는 연락처로 ○○
지방법원 항소3부에 전화를 걸어 ○○○라는 분과 통화를 나누었다. 여성 계
장님이셨는데 친절하게 내가 궁금한 사항에 대해 하나하나 답변해주셨다.

일단 내가 단단히 오해하고 있었던 게 나는 1심에서 그러했듯이 2심, 3심

도 아들인 내가 아버지의 소송대리인으로서 계속 재판에 참석할 수 있는 줄 알았는데, 가족이라도 2심부터는 (3심까지도) 대리인이 불가하다는 사실이었다. 당사자인 아버지가 직접 법정에 출석해야 한다고 했다.

난감했다. 내가 대리인으로서 소송과 관련된 일을 도맡아할 생각을 했던 것은 소송의 'ㅅ도 어머니 아버지가 신경 쓰실 일은 없게 하기 위해서였다. 그런데 내가 이제부터는 소송에서 빠져야 한다니 …… 싸움은 이제부터 시작인데…….

소송과 관련된 법원 일은 고향 부모님이 신경 쓰게 하고 싶지 않다는 사정을 말씀드리고, 앞으로 법정에서 받을 우편물은 뭐가 있을까? 여쭤보니 상대방이 제출한 서면 하나랑 변론기일통지서 하나가 확실히 갈 것이다, 석명 어쩌구 하는 거(석명준비명령)를 보낼 수도 있는데, 이건 거의 안 한다고 알려주셨다.

그럼 그 우편물을 아들인 내가 받고 싶다는 사정을 말씀드렸더니 송달장소및 송달영수인신고서 양식을 대법원이나 법률구조공단에서 받아서 법원에 서면 우편으로 보내면 된다, 단 당사자인 아버지의 도장이 꼭 찍혀야 한다고 말씀해주셨다.

다시 본론으로 돌아가서 보정권고에 대해 들은 설명을 서술하자면, 이 보정권고의 내용은 내가 낸 항소장의 항소취지 부분이 법원에서 일반적으로 사용하는 항소취지의 형식에 어긋나기 때문에 보정권고에 나온 예시대로 ─알기 쉽게 예시를 잘 들어주셔서 이 내용 그대로 고치면 되었다.─ 정정하라는 뜻이었다. '권고'란 말이 걸려서 "권고에 불과하면 굳이 안 고쳐도 되지 않나?" 여쭤보니 "권고사항이라 이행을 강제할 수는 없지만, 정형화된 틀이 있으므로 이에 맞춰서 제출하라."고 하시면서, "만약 이행을 안 하면 아마 변론기일에 나와서 재판관이 간단히 질의하고 응답하는 형식으로 해서라도 정정해야 할 것이다."고 답변을 주셨다. 아버지께서 법정에 나가셨을 때 판사랑 그런 대화를 나누는 상황은 번거롭게 느껴져서 그냥 권고받은 대로 보정하는 게 낫겠단 생각이 들었다.

"그럼 보정권고를 이행해서 어떻게 보내면 되나?" 여쭤보니, "법원으로 등기로 보내면 된다."고 하셨다. "제1심 항소장은 전자소송으로 제출했는데요?"라고 헷갈려서 되물으니, "항소장 보정은 이것과는 별개라고 보면 된다."고 하셨다.

"2심 재판은 언제 받게 될까요?" 여쭤보니 "넉넉하게 1년 정도 걸린다고 보면 된다, 올해가 거의 다 가고 있으니 내년 하반기, 내년 이맘때 진행이 되지 않을까."라고 답해 주셨다. (그런데 2심은, 소액 사건이라 그런가, 1년까지는 안 걸렸고 생각보다는 빨리 진행이 되었다.) 시간적 여유는 충분하단 생각에 다행이다 싶었다. 그리고 이것은 내게 작가로서 강한 동기 부여가 되었다. 내년 하반기까지는 작가로서 어떻게든 승부를 봐야 한다, 무언가 이루어야 한다는 생각이 강하게 들었다. (그 내년 하반기에 이르른, 이 에세이 글을 쓰는 지금 시점에서 올 한 해를 돌이켜보면, '승부를 보았나?'라는 질문에는 긍정적으로 대답하기 힘들다. 그렇지만, '무엇을 이루었나?' 반성을 해 보면, '그간 한 작품이 출간되었고, 두 작품이 완성되어 각각 출판사에 원고를 넘기고 출간이 진행되고 있는 상황이니, 나름 긍정적으로 이룬 것들이 여럿 있다!'고 스스로 성취감을 느끼며 뿌듯하게 답할 수 있을 듯하다.)

15

그리하여 다음과 같이 항소취지를 변경하였다. 보정권고문의 내용만 적어서 보내면 되고, 항소장에 이미 적은 내용은 다시 안 보내도 된다고 하셔서 그렇게 했다. "사건번호는 20XX'가단' 어쩌구 하던 1심 때 번호를 써요?" 여쭤보니, "그 번호가 아니라 2심의 새 번호 20XX'나' 저쩌구 하는 거를 적어야 한다."고 하셨다.

청구취지 변경신청서(항소심용)

사 건	20XX나○○○○○○	[담당재판부: 제 3-1 민사부]
원고(피항소인)	XXX	
피고(항소인)	○○○	

이 사건에 관하여 피고(항소인)는 다음과 같이 청구취지(항소취지)를 변경합니다.

다 음

1. 청구변경의 내용

가. 청구취지(항소취지) 에 관하여

(1) 변경 전 청구취지(항소취지)

위 판사 ○○○의 판결은 명백히 (소유권에 관한) 민법 제211조, 제212조, 제213조, 제214조, (반사회질서의 법률행위에 관한) 민법 제103조, (권리남용에 관한)

민법 제2조, (취득시효에 관한) 민법 제245조에 관하여 법령 해석을 잘못한 법리 오해가 있기 때문에 이에 항소합니다.

⑵ 변경 후 청구취지(항소취지)

[피고 : 패소부분 전부 항소]

1. 제1심 판결 중 피고 패소부분을 취소하고, 위 취소부분에 해당하는 원고의 청구를 기각한다.

2. 소송총비용은 원고가 부담한다.

20XX. XX. XX.

피고(항소인)　○○○　　서명 또는 날인

연락 가능한 전화번호: ○○○-○○○-○○○○,

○○○-○○○○-○○○○

○○○-○○○○-○○○○(아들 ○○○)

법원 귀중

16

　송달장소및 송달영수인신고서 양식도 받았다. 이 양식은 심급마다 작성해야 해서 3심으로 올라가면 이것을 또 작성해서 제출해야 한다고 하셨다. 이번엔 내가 몰라서 고향집으로 법원 서류인 보정권고문이 날아가게 했지만, 가급적 법원 서류가 고향집으로 가게 내버려둘 수는 없다. 다음에는 상고장을 낼 때 송달영수인신고장을 같이 내도 되는지 물어봐야겠다.

송달장소 및 송달영수인 신고서

<table>
<tr><td>사   건</td><td>20XX나○○○○○○</td><td>[담당재판부: 제 3-1 민사부]</td></tr>
<tr><td>원   고</td><td>XXX</td><td></td></tr>
<tr><td>피   고</td><td>○○○</td><td></td></tr>
</table>

이 사건에 관하여 피고는 민사소송법 제184조에 따라 다음과 같이 송달장소 및 송달영수인을 신고합니다.

다   음

피고의 송달장소 및 송달영수인

송달장소: ○○도 ○○시 ○○로 ○○○번길 ○○ ○층
송달영수인: ○○○(아들인 내 이름)

                20XX. XX. XX.

피고   ○○○(아버지 존함)   서명 또는 날인

법원 귀중

민사소송법 제184조 (송달받을 장소의 신고) 당사자 · 법정대리인 또는 소송 대리인은 주소등 외의 장소(대한민국안의 장소로 한정한다)를 송달받을 장소로 정하여 법원에 신고할 수 있다. 이 경우에는 송달 영수인을 정하여

신고할 수 있다.

송달장소및송달영수인 신고서가 잘 접수되었는지는 우편물을 보낸 후 3~4일
지나서 법원에 전화로 문의하면 된다고 하셨다. 이때 항소취지변경서를 제대로
작성했나, 보정권고의 이행이 잘 되었는지도 같이 물어보면 될 듯했다. 그렇지
만, 무어 잘 처리되었겠지 하고 또 문의하지는 않았고, 잘 처리된 듯, 그다음부터
법원에서 보내는 문서들은 현재의 내 거주지로 무사히 잘 송달되었다.

17

그런데 앞의 보정권고문은 뜻밖에 '효자' 노릇을 톡톡히 하게 되는데, 앞선
보정권고문에서

보완할 사항

2. 아래 예시를 참조하여 항소취지를 명확히 기재한 항소취지정정신청서를
   제출하시기 바랍니다.
   ☞ 예시〉 원고가 일부 승소한 판결에 대하여 피고가 항소 경우
   [피고 : 패소부분 전부 항소]
   1. 제1심 판결 중 피고 패소부분을 취소하고, 위 취소부분에 해당하는 원
      고의 청구를 기각한다.
   2. 소송총비용은 원고가 부담한다.

바로 보완할 시항의 예시로 든 **'소송총비용은 원고가 부담한다'**는 문구를 아버지께서 보신 것이다! 이 문구는 항소 취지로 1심에서 일부 패소한 우리가 항소심에서 주장하는 사항일 뿐인데, 아버지께서는 이 문구를 곧이곧대로 믿고, '아, 1심에서 우리가 이겼구나!'라고 생각을 해버리셨다.

아버지가 이렇게 단단히 착각하시는 것을, 아들 입장에서는 만류할 이유가 전혀 없었다. 2심, 3심까지 길게 이어질 소송에서 어머니 아버지께 우리가 실은 패소했었다는 잔인한 진실을 굳이 알려 드릴 필요가 전혀 없었기 때문이다. 소송이 진행된다는 사실만으로도 이미 충분히 큰 고통을 겪고 계실 당신들이시기에, 그러한 커다란 부담감에 더 커다란 부담감을 가중시켜 드릴 수는 없는 일이었다. 그래서 2심 소송이 이어진 까닭을 나의 부모님은 '싸가지없는 저쪽 원고 측에서 1심에서 져서 항소해서 다투고 있다.'고, 현실과는 다른 현실로, 지금껏 믿고 계신다.

그런 오해 해프닝(happening)을 일으켜준 위 보정권고문에겐 아들이 하지 못한 효도를 해준 데 대하여, 나의 부모님께 마음의 평화를 안겨준 데 대하여 심심한 감사의 표시를 하지 않을 수 없다. 그리고 그 '현실과 다른 현실'을 '현실과 일치한 현실'로 바꾸기 위해 아들은 싸움을 이어나가고 있다.

18

우체국에 들르러 간만에 외출했는데 가는 날이 장날이라더니, 날씨가 엄청 추웠다. 눈이 덜 녹은 채 꽁꽁 언 빙판길을 조심조심 걷느라 애먹었다. (송달영수인 신고서와 함께) 보정권고를 이행해서 항소심 법원에 우편 등기를 부치러 가는 길이라, 살벌한 법정 다툼 중이라 빙판길을 걷는 듯한 이 마음과 통했고, 아무 배경도 없는 작가로서 집필의 결의를 다지는 이 시기에, 아무도 거들떠 보지 않는 신세라 춥고 쓸쓸해지는 이 마음과도 뭔가 통하는 길거리란 생각이 들었다.

19

이 에세이는 사실 '폭탄'이다. 내 입에서 이런 소리가 나올 줄은 정말 몰랐 는데 '사회 정의를 부르짖는 작은 목소리'다. 과연 이 폭탄이 제대로 터질지, 얼마나 사회적 반향(反響)을 불러일으킬지, 그저 혼자 떠드는 거로 그칠지 정 말 과연 어떻게 될지…… (아무래도 무명 작가이다 보니 '폭탄의 반향'이 극히 미미할 우려가 크지만, 마음만은 제대로 터뜨리겠다는 마음가짐으로 임하고 있다.)

20

작년부터 내 눈길을 끄는 아이돌 걸그룹이 하나 있어서 인터넷에 그 아이 돌의 영상이 올라오면 불량교생표 썰렁 댓글을 달며 응원을 하고 있다. 평생 아이돌에 관심이 ─무어, 불량교생의 거의 유일한 취미와 낙이 댄스라서 전부 터 아이돌들의 댄스 영상은 꾸준히 찾아보긴 했지만, 그때는 정말 딱 춤만 찾 아보고 끝이었었다.─ 없었고, 아이돌에 관심을 가질 나이는 진작에 지났지만, 아이돌들이 웃고 떠드는 영상을 보고 있자니 이 빌어먹을 소송에 대한 생각을 떨칠 수 있겠어서, 소송 스트레스에서 벗어나기 위한 피난처로 아이돌 세계에 발을 디디게(?) 되었다. (사실 아이돌을 응원하며 집필할 주제들이 —아이돌과는 무관한 교육적 주제들이다.— 여럿 떠올라 그 주제들로 집필에 착수하기도 했고, 아이돌과 관련된 응원 자체를 집필 주제로 삼고 싶은 생각도 없지 않다.)

아이돌에게 있어 중요한 게 '서사'라고 했던가? 어쨌든 문제는 불량교생이 응원하는 아홉 소녀들의 인기가 꾸준히 뚝뚝 떨어지고 있다는 사실이었다. 이건 뭐, 전에 스포츠에서 꼴찌 팀을 응원했을 때 받던 스트레스를 그대로 또 받고 있는 느낌이었다. 그런데 의문은 들었다. 왜 이렇게 인기가 계속 떨어지고 있는가에 대해. 그래서 이 아홉 소녀 말고 다른 아이돌들에게 눈길을 돌려보니, 정답이 너무나 분명했다. 상대가 너무 쎘다. 경쟁 상대인 아이돌 그룹들이 너무 대단한 아이들을 보유하고 있었다. 국내외로 거의 전설로 불리었고, 불리고 있는 아이들이었다. 이러니 인기에서 밀렸지, 납득이 절로 되었다, 되었지만

여기서 불량교생으로서 이 소녀들과 공교로운 동질감을 느꼈다. 너무 강한 상대를 맞아 싸워야 한다는 것, 이기기 힘든, 이길 수 없는 싸움을 해야한다는 것, 이길 수 없는 싸움—당시에는 이 소송에서 이길 수 있으리라는 기대가 전혀 없었다.—에서 이기지 않고 이겨야 한다는 것이다. 자신만의 매력으로 어떻게든 이 경쟁을 뚫고 나가야한다. 자신만의 매력이야, 무어 넘치고 넘치니까 승산이 전혀 없진 않은 게임이다. 행운을 빈다, 소녀들에게, 그리고 나 자신에게.

아이돌 응원 이슈가 이 민사 소송 에세이에서 왜 튀어나오나?에 대해 의아한 분들이 계실까 봐 살짝 부연해서 설명하면, '응원의 방향' 문제다. 현대 사회에서 빈부 격차가 점점 격화되고 '있는 자'와 '없는 자'의 분열이 극심해지고 있는 상황에서, 아이돌 응원은 '없는 자'가 '있는 자'를 향한 방향으로 이루어

지고 있다. 외모를 자랑할 게 '있는 자', 노래 실력을 자랑할 게 '있는 자', 춤을 뽐낼 게 '있는 자'를 향해 그런 게 '없는 자'들이 응원을 보내고 있다. 열렬하게, 격렬하게.

'불량'교생으로서 삐딱한 시선으로 이러한 방향성을 보자니, 이게 맞나? 생각이 들었다. 응원의 방향이 이게 맞나? 이게 올바른가? '없는 자'에게서 '있는 자'에게로 화살표의 방향이 향해 있는데, 오히려 '있는 자'에게서 '없는 자'로 화살표가 가야 맞지 않나? 사회적으로 '있는 자'에게서 사회적으로 '없는 자'에게로 응원의 화살을 쏘는 분위기가 되어야 하지 않나? 그래야 더 살기 좋은 공동체가 구현되는 거 아닌가?

사회적으로 '없는 자'인, 사회적 약자들을 위하여 사회적으로 '있는 자'인 사회적 강자들이 더 응원하는 분위기로 사회가 바뀌어야 하고, 그러한 사회가 도래되어야 하는 게 아닌가?

사회적 약자로서 평생을 사신 나의 어머니 아버지, 당신들의 평생의 삶의 터전을 앗아가겠다는 빌어먹을 법 논리를 구사하는 사회적 강자인 법조계 집단과 싸우는 이 에세이가 아이돌 응원과 연결되는 건 바로 이러한 나의 사고 과정이 있었기 때문이다.

21

만화 '검정 고무신'의 작가님에 관한 안타까운 소식이 들려왔다. 저작권자로서 자신의 만화 캐릭터에 대해 정당한 권리를 누리지 못해 마음고생을 많이 하셨다는 걸 이제야 알았다. 법잘알, 법을 잘 알고 있는 대기업—여기서는 대형 출판그룹(이 출판그룹이 이름이 익숙한 게, 전에 나도 원고 투고를 넣은 적이 있는 곳이었다. 이딴 곳에 원고 투고를 했었다니, 기분이 더러웠다.)—의 횡포로 일개 개인에 불과한 창작자가 억울한 일을 당하는 현실은 나의 이 에세이의 문제의식과도 통하는 면이 없지 않다. 그 대형 출판그룹은 '우린 법대로 했어. 합법적으로 권리를 취득했어. 뭐가 문제야?'란 괘씸한 태도를 취했겠지. 법의 탈을 쓴 무뢰배, 깡패 자식들이 판을 치는 세상에서 법대로 하는 게 정의냐? 이따위로 법을 적용하는 게 과연 정의라고 할 수 있느냐? 란 문제의식 말이다. (불행 중 다행으로 최근에 원작자 작가 분들께 저작권 권리가 귀속되도록 하는 저작권위원회의 조치가 이루어졌다고는 한다.)

법 ≠ 정의

인 어이없는 현실을 타파하고

법 ≒ 정의

인 정의로운 현실을 구현하기 위해 우린 무얼 할 수 있을까? 작가로서 나는 이 에세이를 쓰며 그 답을 고민하고 있다.

22

해가 바뀌었다. 항소취지 변경서를 내고 석 달 즈음 지났을 무렵이었다. 오전에 누가 문을 두드리기에 나가보니 우체부셨다. 등기우편이라며 내게 서명을 요구했다. 보니까 지방법원에서 보내온 얇은 규격 봉투였다. 2심으로 넘어가면서 송달영수인을 나로 신고했기 때문에 소송 관련 서류가 나한테 온 것이다.

이거 참, 작년에 우리 어머니 아버지가 내용증명 우편과 소장 우편을 받았을 때 어떤 기분이셨는지 새삼스럽게 실감이 되었다. 봉투에 쓰여 있는 '법원'이란 두 글자만으로 가슴이 꽉 죄는 듯한 답답함과 긴장감이 엄습해왔다. (울 어머니께서 '심장이 벌렁벌렁'한다는 말씀을 많이 하셨지.) 소송 절차가 진행되면서 서류들이 고향집으로 계속 날아들면, (내용과 상관없이) '법원'이란 두 글자만으로 계속 부모님 심장에 대못을 박아대는 일이기에, 고향집으로 법원 서류들이 가지 않게 송달영수인을 나로 한 것이었다. (내 선에서 나로서 할 수 있는 작은 효도의 길이었다.)

○○지방법원
조정사무수행일통지서

사 건	20XX머○○○○○○ 토지인도
원 고	
(피항소인)	XXX
피 고	
(항소인)	○○○

위 사건에 관하어 조정위원에 의한 딩사자 쌍방과의 대면회의 방식의 조정사무수행일이 다음과 같이 지정되었으므로, 아래의 일시·장소에 출석하여 주시기 바랍니다.

일시 :　20XX. X. XX. (목) 14:00
장소 :　○○지방법원 조정실 본관213호

20XX. X. XX.

법원사무관 ○ ○ ○

◇ 유의사항 ◇

1. 조정위원은 조정담당판사 또는 조정장의 촉탁을 받아 분쟁 해결을 위하여 사건관계인의 의견을 듣거나 그 밖에 조정사건의 처리를 위하여 필요한 사무를 수행할 수 있습니다. (민사조정법 제10조 제3항)
2. 소송대리인이 선임되어 있더라도 되도록 당사자 본인(당사자가 회사 등 법인 또는 단체일 경우에는 대표자 또는 실무책임자, 당사자가 여러 명인 경우에는 의사결정을 할 수 있는 주된 당사자)도 함께 출석하시기 바랍니다. 출석할 때에는 본인 확인을 위하여 신분증을 가져오시기 바랍니다.

　　내용을 보니 20XX머 더하기 숫자로 사건 번호가 매겨져 있고 (머? 머?) 조정사무수행일통지서라고 제목이 달려있었다. 내달 조정기일을 잡아놓았으니 출석하라고 통지하는 내용이었다.

　　나는 즉각 반발했다. 당장 통지서에 적힌 연락처로 전화해서 따졌다. 내가 항소장에 분명히

4. 항소심에서의 조정·화해절차에 관한 의견

가. 절차의 희망 여부

　　(1) 희망　(2) 불희망 √ **희망하지 않습니다.**

　　라고 조정 화해를 원하지 않는다고 명시적으로 표기했건만, 내 의견을 무시하고 조정 절차에 회부한 것 같아, 1심 때도 1심 판사가 내 의견을 무시하더니 항소심 판사까지 내 의견을 무시하나? 싶어 기분이 매우 나빴다. 직통 전화라고 나온 번호로 바로 전화를 걸었다. 실무관이신 분이 전화를 받으셔서 사건 번호랑 알려드리고 이러이러한 조정 통지를 받았다는 내용과 더불어 나의 항의의 의사를 표시하였다.

　　아니, 난 조정을 원하지 않는다고 1심 때부터 줄곧 얘기해왔고, 2심 올라갈 때도 조정은 원하지 않는다고 항소장에 분명히 밝혔는데 왜 이런 조정 통지를 보내느냐, 난 통지된 조정 날짜에 출석할 의사가 전혀 없다… 그런데 전화를 받은 분이 항소심 판사가 결정한 사안에 대해 뭐라 말할 수도 없는 입장이었고, 생각해 보니 내가 항소장 말미에 원고 측에 **'세상에서 가장 선량한 이**

웃—이건 전혀 과장된 표현이 아니다. 내 입으로 이런 말을 하지만 불량교생이란 사람은 세상에서 가장 선량한 사람 중의 한 사람으로 꼽을 수 있는 사람이다. 진짜로.**—을 사귈 기회를 놓치지 마라.**'고 타이르듯 이야기한 부분이 있어, 항소심 판사가 조정으로 해결해야겠다고 생각했을 수도 있겠다 싶었다.

어쨌든 당시에는 나는 매우 감정적인 상태가 되어 통화하는 상대방에게 "나는 조정에 응할 의사가 전혀 없다, 이러한 나의 의사를 담당 판사 분들께 똑똑히 전달해 달라."고 말씀드리며 (실무관으로부터 판사에게 꼭 내 얘기를 전달하겠다는 약속을 받아내었다.) 항소심 조정 건을 일단락했다. 참, 그리고 이렇게 조정기일에 출석하지 않으면 앞으로 절차가 어떻게 진행되는지 여쭤봤는데 (사실이 내용은 이미 숙지가 되어있었지만 확인하는 차원에서 물어보았다.) **바로 소송으로 이어질 수도 있고, 강제 조정을 할 수도 있다고 한다. 강제 조정의 경우에도 이에 불복해서 이의신청을 하면 다시 소송으로 이어질 수 있단다.**

그 후로 통지서에 적힌 조정기일에 나는 물론 —조정이 잡혀 있다는 사실조차 모르시는— 소송당사자이신 나의 아버지도 출석하지 않았고, (혹시 조정기일에 내 의사에 반하여 강제 조정을 해버리면 어쩌나 살짝 걱정이 되기도 했으나) **나의 의사가 제대로 전달되었던지 그 뒤로 변론기일이 잡혀 재판으로 순조로이 이행이 되었다.**

지금 이 에세이는 당시에 써놓은 일기를 바탕으로 집필이 이루어지고 있는데, 당일 일기는 이런 말로 마무리되고 있었다:

이렇게 글로 정리하니 벌렁벌렁하던, 꽉 조이던 심장 박동이 — 마음이 누그러지면서 — 정상 궤도로 돌아옴을 느낀다. 뜻밖에 발견한 글쓰기의 효용인가, 이건.

당시 항소심으로부터 조정 통지서를 받고 실무관과 전화 통화를 하는 내내, 전화 통화를 마치고 나서까지도, 나의 심정이 매우 크게 동요했었음을 알 수 있는 대목이다. 이 심정적 들끓음을 누그러뜨리기 위해 당시에도 글을 썼고, 이 심정적 들끓음의 근본 원인을 밝히고 문제를 해결하기 위해 지금도 이렇게 에세이를 쓰고 있다.

23

사실 이 조정기일 불출석과 소송으로의 이행은 내겐 너무 익숙한(?) 패턴이었다. 조정기일 불출석은 1심 때 벌써 두 번이나 경험한 일들이었기 때문이다.

○○지방법원 ○○지원
결 정

사 건	20XX 가단○○○○○○ 토지인도
원 고	XXX
피 고	○○○

주 문

1. 이 사건을 조정에 회부한다(수소법원).
2. 이 사건의 조정위원으로 조정위원 ○○○을 지정한다.
3. 조정위원은 아래 각호의 사무를 수행한다.
    가. 민사조정법 제10조 제3항 제1호의 사무(조정에 관여하는 일)
    나. 민사조정법 제10조 제3항 제2호의 사무(분쟁해결방안을 도출하기 위하여

사건관계인의 의견을 들어 합의안을 도출하거ㅏ 그 밖에 조정사건의 처리를

위하여 필요한 사무를 수행하는 일)

4. 조정위원은 이 결정을 받은 날부터 40일 이내에 다음 사항을 보고하여야

한다.

다만, 법원의 허가를 얻어 그 기간을 연장할 수 있다.

가. 합의의 성립 여부

나. 합의 사항 및 조정형식

다. 사건관계인의 의견청취 및 회합상황

이 유

이 사건은 조정이 필요하다고 인정되므로 민사조정법 제6조, 제10조 제3항
에 의하여 주문과 같이 결정한다.

20XX. X. XX.

판사 ○ ○ ○

항소심으로부터 조정통지서를 받은 때로부터 거의 1년 전 즈음에 1심 판
사의 이와 같은 조정 결정이 있었었다. 그리고 당시에 이 조정 통지를 받기 전
까지 난 '조정'이란 게 있는 줄도 몰랐었다. 난데없이 소송하자는 소장이 날라
들었었고 응당 소송이 재판으로 진행되는 줄 알았었다.

그런 나의 무지(無知)를 일깨워주려는 듯이 ─위의 통지서나 결정문에 나와
있듯이─ 민사조정법이란 법률이 버젓이 존재했고, 그 목적은 법률 첫머리에
잘 나와 있었다.

민사조정법 제1조(목적) 민사(民事)에 관한 분쟁을 조정(調停) 절차에 따라 당사자의 자주적·자율적 분쟁 해결 노력을 존중하면서 적정·공정·신속하고 효율적으로 해결함을 목적으로 한다.

소송절차가 분쟁당사자 쌍방이 권리를 주장하고 다툼 있는 사실관계에 대한 증거를 제출하면 법원이 어느 당사자의 주장이 옳은지를 판단하여 판결로써 분쟁을 '강제적으로' 해결하는 제도인데 반하여, 조정절차는 (조정담당판사, 상임조정위원 또는 법원에 설치된 조정위원회가) 분쟁당사자로부터 주장을 듣고 여러 사정을 참작하여 (조정안을 제시하고) 상호 타협과 양보에 의하여 합의에 이르게 함으로써 분쟁이 평화적으로 해결되는 제도라고 한다. 이 둘은 민사분쟁을 해결하는 두 개의 큰 축이 된다.

민사조정절차의 장점으로 여러 가지 이야기들이 나오는데, 소송과 같은 엄격한 절차를 거치지 아니하고 자유로운 분위기에서 자신의 의견을 충분히 말할 수도 있고, 소송에 비하여 신속한 해결이 가능하다고 한다. 민사조정을 신청하면 빠른 시일 내에 조정기일이 정해지고, 대부분 한번의 기일(출석)로 종료되기 때문이다. 비용도 소송에 비하여 인지대가 1/10로 저렴하고, 당사자 사이의 상호 타협과 양보에 의하여 분쟁을 해결하므로 감정대립이 남지 아니한다고 하는데 ― 정말? ― 그리고 일반적으로 민사조정절차는 조정담당판사, 상임조정위원 또는 조정위원회가 딱딱한 법정이 아닌 자유로운 분위기의 조정실에서 당사자의 말을 충분히 듣고 실정에 맞게 분쟁을 해결하며, 비공개로 진행되기 때문에 비밀이 철저히 보장된다고 한다.

그러나 원고 너네들 조정기일에 헛걸음 해봐라, 엿이나 먹어라 하며 조정기일에 불출석한 나로서는 (조정기일조서를 나중에 확인해보니 나의 소망대로 두 차례의 조정기일에 원고 측 소송대리인이 두 번이나 헛걸음하긴 했더구만.) 이런 장점들이 있는지 겪어보지 않아서 잘 모르겠다. 1심 판사가 조정장 판사가 되어 조정기일을 통보하고 조정실에 친히 납신 모양이던데, 이 사건을 반드시 조정으로 해결하고 싶으셨던지 첫 번째 조정기일에 내가 불출석하자, 조정기일을 한 번 더 잡아서 다시 내게 통보를 했고, 두 번째 조정기일까지 나는 또 다시 불출석함으로써 나는 조정을 원하지 않는다는 뜻을 (묵시적으로) 거듭 밝혔다.

두 차례 조정기일 당시 내가 출석하지 않자 조정법원에서 두 차례 모두 내게 전화를 걸었었다. 지역 번호가 그 법원의 소재지였고, 딱 조정기일에 출석하라고 지정된 시간에 울린 전화벨이라 법원에서 걸려온 전화라는 것을 알 수 있었다. 나는 그 전화를 두 번 모두 받지 않음으로써 조정 거부 의사를, 이런 역겨운 소송을 자행하는 법조계에 대한 반감을 표시할 수 있었다.

이렇게 내가 두 번이나 조정장 판사, 즉 1심 판사의 명을 거역했기 때문에 앞서 1심 재판 때 1심 판사가 나를 상당히 아니꼽게 보고 내게 해서는 안 될 질문, 내 피를 거꾸로 솟게 한 질문을 했었던 건지도 모르겠다.

24

백만 년 만에 시사 프로그램을 하나 보았는데, 서민들의 피땀을 빨아먹는 은행의 이자놀음을 다룬 내용이었다. 잠자던 정의감이 꿈틀댐을 느꼈다. 방송에서도 언급되었듯이 이건 '시스템(System)'의 문제가 분명해보였다. 불량교생이 구호로 내걸은 '소소한 혁명'으로, 여기서도 어떻게 뭐 좀 해 볼 순 없나? 이 빌어먹을 자본주의 시장 논리에 맞설 작은 목소리를 어떻게 낼 수 없나?

전혀 감도 안 잡히는 어려운 질문을 스스로 하고 있다. 늘 이런 식이다. 나의 역량을 벗어난 버거운 질문들이 쌓이고 쌓인다. 그에 대한 해답으로 단순하고 무식한 머리로 기껏 낼 수 있는 대안은 그저 작디작디작디작고 유치한 수준일 뿐이다, 뿐이지만 뭐 어때? 아무것도 안 내놓는 것보다야 무어 낫지 않겠는가?

　자본주의, 소유권 질서 하에서 만행을 저지르는 은행에 대한 문제의식은 나의 이 에세이 주제를 돌아보게 한다. **내가 싸우고 있는 상대가 15평 토지와 건물에 대한 소유권을 주장하고 있고, 그 이면에는 자본주의 질서가 깔려 있기 때문이다.** 소유권, 소유욕에 눈이 멀어, **자본을 절대 우위**(絕對優位)**에 놓으면서 인간은 하위로 밀려나고 있다. 인간을 무시하고 경시하는 풍조가 만연해 있다. 그런 풍조와 나는 지금 싸우고 있다.** 그런 풍조는 도덕이라는 선에서 해결할 문제라며, 그런 풍조는 법적으로 다뤄질 사안이 아니라며, 맘껏 지들 멋대로 **비인간적으로 권리를 행사하고 이를 용인하고 있는 법조계 전체의 분위기가 내가 지금 싸우고 있는 대상이다.**

25

　마음속에서 불현듯 떠오르고 떠오르던 상고심 법원에 할 말—처음부터 대법원까지 싸우러 가겠다고 결심하고 소송에 임했었기 때문에 '진짜 전쟁'에 쓰일 논리들이었다.—들이 깔끔하게 세 가지 쟁점 아닌 쟁점으로 정리가 되었다. (제1심 법정에 낸 답변서에도 녹아 있는 내용이지만, 민법 조문별로 각각 무슨 이야기를 해야할지 구체화되어 명료해졌다.) 웃긴 건 이 세 가지 쟁점은 피고로서 원고에게 할 방어라기보다 심판관인 법원에게 직격을 가할 공격이라는 점이다. (이 정리된 쟁점들이 녹아 있는 상고장은 후술하기로 한다.) **과연 정의가 승리하는 날이 올지** —법조계와 싸워나가면서— **지켜봐야겠다.**

26

아침에 고향에 계신 어머니랑 통화하면서, 소송 중인 땅 문제—15평을 내놓으라고 소송을 걸어온 그 '개자식'은, 역시나 아버지께서 예상하셨던 대로, 소송이 진행 중임에도 불구하고, 그 땅을 다른 사람에게 되팔아버렸단다.—도 그렇고 이래저래 속상해 하는 어머니 기분을 풀어드리려고 '수십 억 발언'을 뱉어버렸다. 작가로서 아들이 수십 억을 벌어서 이거저거 해드리겠다고. 수십 억을 벌어야 할 이유가, 명목이라고 해야 하나, 하나 생겼는데 저따위로 15평에 눈이 멀어 소송이나 걸어오는 하찮은 '개자식들'을 비웃어주기 위해서다. 아, 물론 나야 한없이 선량한 인품의 소유자라 실지로 비웃을 일은 없을 터이지만 표현을 하자면 무어 그렇단 얘기다.

그런데 나중에 알고 보니 되팔았다던 저 '다른 사람'은 원고의 친부모라고 한다. 내가 처음 1심 때 법원에 답변서를 냈을 때 원고 측이 투기 목적으로 토지를 매입했다고 생각해서 그렇게 적었었는데, 이 부분은 나의 오해였던 듯싶다. 그러나 투기 목적이 아니라면 더 괘씸한 작자들이다. 이웃이라는 작자들이 이사를 오자마자 옆집에 소송을 걸겠다고 하고 있는 꼴이니까. **이딴 게 이웃이라고? 이게 공동체라고? 대한민국 공동체의 현실이 이 모양이라면 이건 대단히 심각한 문제다. 공동체의 위기다. 그리고 그 위기를 초래하는 장본인이, 어처구니없게도, 법조계란 곳이다.** 이건 아니다, 이래서는 안 된다, 법조계는 각성하라!고 앞으로 주장할 생각이다.

27

오늘은 조정기일이 잡힌 날이다. 그때 통보서를 받자마자 불출석 의사를 전화로 전달하긴 했으나 그 뒤로 조정에 관한 생각이 내 머릿속을 떠나지 않았다.

좋은 게 좋은 거 아니냐?
다들 적당히 원만하게 화해하고 타협하면 좋은 거 아니냐?
왜 옹고집으로 조정을 거부하느냐?
그냥 조정으로 끝내버리면 모두가 즐겁지 않느냐? 재판을 이렇게 길게 하는 게 과연 옳으냐?

조정을 거부하면서도 내 마음속에 수도 없이 떠오른 반성적 질문들이었다.

이게 과연 싸워야 할 문제인가? 적당히 타협하고 끝낼 문제인가?

왜 조정과 화해가 아니라 싸워야하는지, 싸워야할 이유를 고민하는 시간이었다. 그리고 그 답은, 나의 이성이, 나의 양심이, 나의 정의감이 싸워야 할 문제라고 알려주었다. 조정의 부당성을, 싸움의 정당화를 피력할 논리는 그렇게 완성되었다.

이렇게 조정에 관하여 내가 했던 진지한 고민들은 후술할 제3심 대법관 분들께 전할 나의 진심에 잘 나타날 예정이다.

28

드디어 항소심 변론기일통지서가 특별송달로 날라들었다. 이제는 낯이 익은 우체부가 내미는 기계에 이름 석 자를 서명으로 쓰고 내용물을 펼쳐들었다.

○○지방법원
변론기일통지서

사 건	20XX나○○○○○○ 토지인도
원 고	
(피항소인)	XXX
피 고	
(항소인)	○○○

위 사건의 변론기일이 다음과 같이 지정되었으니 출석하시기 바랍니다.

일시 :   20XX. X. XX. (금) 10:20

장소 :   ○○지방법원 법정 제229호

20XX. X. XX.

법원주사보 ○○○

◇ 유의사항 ◇

1. 출석할 때에는 **신분증**을 가져오시고, 이 사건에 관하여 제출할 서면이 있는 경우에는 사건번호 (20XX나○○○○○○)를 기재하시기 바랍니다.

2. 사건은 합의부에서 심리하는 사건으로 지배인 등 법률상 소송대리인 또는 변호사가 아니면 소송대리가 허용되지 않습니다. **제1심 소송에서 법원의 허가를 받아 소송대리를 하였던 사람이라도 항소심에서는 소송대리가 허용되지 않습니다.**

3. 소송대리인이 선임되어 있더라도 되도록 당사자 본인(당사자가 회사 등 법인 또는 단체일 경우에는 대표자 또는 실무책임자, 당사자가 여러 명인 경우에는 의사결정을 할 수 있는 주된 당사자)도 함께 출석하시기 바랍니다.

※ 문의사항 연락처 : ○○지방법원 제3-1민사부 법원주사보 ○○○

전화 : ○○○-○○○-○○○○(재판요일:금요일)

팩스 : ○○○-○○○-○○○○   e-mail :

1심 때는 ○○지방법원 ●●지원이어서 ●●역에서 내려 헤맸었는데 2심은 ○○지방법원이라 ○○까지 가야했다. 인터넷 검색창에 ○○지방법원까지 가는 교통수단을 이래저래 찾아보았다. 시간은 오전 10시 20분이었다. (오전은 힘들다고 오후에 시간을 잡아달라고 했건만 이러긴가 정말? 쩝 법원에 전화해서 살짝 항의했더니 기일변경 신청서란 걸 작성해서 보내는 방법이 있다고는 했다.) **고향에서 서둘러서 첫차 버스로 출발해서 지하철로 ○○역 거쳐, ○○역**(인 줄 알았는데 정확히는 ○○ ○○역), 그리고 (○○ ○○역 지하철에서 내려서 도보로 5~10분 걸어올라가 하선 방향으로) **ktx로 ○○역까지 가고, 다시 ○○ 지하철역**(○○에도 지하철역들이 있다는 걸 처음 알았다.)**에서 그 지역 지하철을 이용하면 대충 시간 안에 도착할 순 있을 것 같았다.** (부지런히 이동해야겠군.)

항소심 재판   81

이 변론기일 통지서에서는 유의사항들이 유의미한데, 유의사항 1번에 나온 신분증의 경우도 법정에서 작은 해프닝이 있었고, 유의사항 2번에 나온 항소심의 소송대리도 아들로서 내가 더 이상 법정 싸움에 직접적으로 참여할 수 없다는 점에서 의미가 컸다.

29

1심에서는 당사자인 아버지를 대신하여 아들에게 소송대리를 허용하면서, 2심부터 그 아들의 소송대리를 불허한다니 이거 뭔가 부당하게 느껴졌다.

민사소송법 제87조(소송대리인의 자격) 법률에 따라 재판상 행위를 할 수 있는 대리인 외에는 변호사가 아니면 소송대리인이 될 수 없다.

민사소송법 제88조(소송대리인의 자격의 예외) ①단독판사가 심리 · 재판하는 사건 가운데 그 소송목적의 값이 일정한 금액 이하인 사건에서, 당사자와 밀접한 생활관계를 맺고 있고 일정한 범위안의 친족관계에 있는 사람 또는 당사자와 고용계약 등으로 그 사건에 관한 통상사무를 처리 · 보조하여 오는 등 일정한 관계에 있는 사람이 법원의 허가를 받은 때에는 제87조를 적용하지 아니한다.

이게 다 민사소송법에 나오는 이야기였는데, 민사소송법 제88조 제1항에서 '단독판사'가 담당하는 재판이 '1심' 재판이고, '그 소송목적의 값이 일정한 금액 이하인 사건', 즉 소액 사건인 경우, 민사소송법 제87조 변호사 등에 의

해서만 소송대리인을 할 수 있다는 원칙에 예외를 둔다는 말이다. 이렇게 예외적 허용이기는 하지만, 왜 그 예외를 1심에 국한했나? 따질 여지는 있어 보였다.

> **헌법** 제27조 ①모든 국민은 헌법과 법률이 정한 법관에 의하여 법률에 의한 재판을 받을 권리를 가진다.

우리 헌법은 국민에게 재판을 받을 권리를 보장하고 있고, 이 재판을 받을 권리는 '공정한 재판'을 받을 권리를 의미한다. 나는 지금 민사소송법이라는 법률이 헌법상 보장된 나의 공정한 재판을 받을 권리를 침해하고 있다고 의심하는 상황이고, 이렇게 법률이 헌법에 위배되는지 여부를 다투는, 위헌법률심판을 담당하는 곳이 바로 헌법재판소다.

> **헌법재판소법** 제41조(위헌 여부 심판의 제청) ① 법률이 헌법에 위반되는지 여부가 재판의 전제가 된 경우에는 당해 사건을 담당하는 법원(군사법원을 포함한다. 이하 같다)은 직권 또는 당사자의 신청에 의한 결정으로 헌법재판소에 위헌 여부 심판을 제청한다.
> ⑤ 대법원 외의 법원이 제1항의 제청을 할 때에는 대법원을 거쳐야 한다.

그런데 우리 헌법재판소법을 보면 위헌법률심판 제청은 '법원'이 결정하여 해야 한다고 되어 있다. 직권으로 그리 할 수도 있고, 신청으로 그리 할 수도 있는데, 문제는 이때 신청을 '당사자'가 해야 한다는 사실이다. 현재 내가 겪고 있는 민사 소송의 당사자는 피고이신 나의 아버지시고, 난 당사자가 아닌데 어떻게 하나 그럼? 의문이 생겼다.

의문이 생겼으니 궁금한 건 또 물어봐야지. 또 대한법률구조공단 사이버 상담의 문을 두드려, 다음과 같이 문의 사항을 정리해서 질문 글을 올렸다.

민사소송법 제88조 제1항의 위헌성을 헌법재판소에서 판단받고 싶습니다.

안녕하세요.
저는 15평 토지 인도를 청구하는 소액 사건의 민사 소송에서
피고 당사자 되시는 저의 아버지를 대신해 아들로서 소송대리인으로 1심 재판에 참여했던 사람입니다.

그런데 **2심부터는 아들이 소송대리인으로 재판에 참여할 수 없다는** 사실을 알게 되었습니다.
민사소송법 제88조 제1항에서 친족 관계에 있는 사람의 소송대리인 자격을 '단독판사'가 심리·재판하는 사건으로 한정하였기 때문입니다.

이렇게 되면 소송 당사자로 법에 무지하고 연로하신 저의 아버지께서 직접 법정에 출두하여 재판을 받으셔야 하는데, (피고인 저희 쪽에서 변호사를 선임하지 못하는 형편에서) 변호사를 선임하여 다투고 있는 원고 측과 대등하게 공격 방어를 할 수 없게 되어, **헌법 제27조** (공정한 재판을 받을 권리)에 **위배될 소지가** 있다고 생각합니다.

그래서 그래도 젊고 법률적 지식에 접근할 수 있는 제가 아들로서 계속 아버지의 소송대리인으로 2심, 3심 재판에 참여하고 싶은데 이 민사소송법 제88조 제1항 때문에 그 기회가 박탈된 점을 문제 삼아 이 법률에 대한 위헌제청을 하고 싶습니다.

그런데 문제는 헌법재판소법 제41조 제1항에서 법률의 위헌 여부의 심판을 제청할 수 있는 사람을 '당사자'로 규정하고 있어서, '당사자'가 아닌 아들인 제가 어떻게 이 법률의 위헌 여부를 다툴 수 있는지 모르겠습니다.

요컨대, **민사소송의 '당사자'가 아닌 제가 민사소송법 제88조 제1항의 위헌법률심판 제청을 하여 헌법재판소에서 판단받기 위해서는 어떤 절차를 밟아야 하는지** 알려주시면 감사하겠습니다.

어느덧 해가 넘어가고 법률구조공단으로부터 받은 답변은 다음과 같다.

답변

답변일자

　　20XX-XX-XX

답변인

　　법률 구조

안녕하십니까. 대한법률구조공단 사이버상담을 이용해 주셔서 감사합니다. 문의주신사항에 대해 아래와 같이 답변을 드립니다.

법률에 의해 직접 기본권을 침해받은 국민은 해당 법률을 대상으로 헌법소원을 청구할 수 있습니다(헌법재판소법 제68조 제1항).

헌법재판소법 제68조(청구 사유) ① 공권력의 행사 또는 불행사(不行使)로 인하여 헌법상 보장된 기본권을 침해받은 자는 법원의 재판을 제외하고는 헌법재판소에 헌법소원심판을 청구할 수 있다. 다만, 다른 법률에 구제절차가 있는 경우에는 그 절차를 모두 거친 후에 청구할 수 있다.

헌법재판소 1991. 11. 25. 선고 89헌마99

헌법재판소법 제68조 제1항에 의하면 공권력의 행사 또는 불행사로 인하여 헌법상 보장된 기본권을 침해받는 자는 헌법소원심판을 청구할 수 있으며 여기에 **공권력에는 입법권도 포함된다 할 것이므로 법률에 대한 헌법소원심판청구는 가능하다**고 할 것이고, 법률에 대한 헌법소원에 있어서는 다른 구제절차가 없으므로 이른바 "보충성의 원칙"이 적용될 여지가 없는 것인 만큼 직접 법률에 대하여 헌법소원심판을 청구할 수 있다. 다만 청구인 스스로가 당해 법률규정에 의하여 자기의 기본권이 침해되는 법률상의 자기관련성이 있어야 할 뿐만 아니라 특히 직접성의 요건이 중요한 의의를 갖는 것이므로 당해 법률규정에 의하여 직접적으로 헌법상 보장된 자기의 기본권을 현재 침해당하고 있는 경우여야 한다. 즉 **헌법소원심판의 대상이 되는 법률은 별도의 구체적인 집행행위의 매개를 필요로 하지 아니하고 그 법률 자체로서 직접 청구인의 기본권을 침해하는 경우**여야 하고 그 법률을 통하여 자유가 제한되거나 의무가 부과되는 경우 또는 권리와 법적 지위 등이 박탈되는 경우에 법률에 의한 권리침해의 직접성이 인정된다고 하고 있는 것이 당재판소의 판례이다.

따라서, 민사소송법 자체를 대상으로 (본안판단이나 인용가능성 여부는 별론) 법률에 대한 헌법소원은 제기할 수 있다고 판단됩니다.

1. 위 답변은 귀하께서 제공해주신 사실관계에 기초한 답변자 개인의 법률적 의견으로서 이와 다른 의견이 있을 수도 있으므로 참고자료로만 활용해주시고,특히 위 답변을 증거자료로 쓰는 것은 부적절하므로 이 점 양해하여 주시기 바랍니다.
2. 자세한 상담이나 법률구조를 원하시는 경우에는 법률구조공단 사무실을 방문하시어 법률상담을 받으시기 바랍니다.

법률과 판례를 적시하여 친절하게 답변을 주셨다. 답변에 나온 판례가 무

슨 말이냐면 이런 말이다. 법률의 논리, 즉 법리란 것은 요건과 효과를 두 개의 축으로 하여 이루어져 있기 마련이다. 헌법재판소가 법리를 해석할 때도 마찬 가지다. 헌법소원 심판을 청구하려면 보충성, 자기관련성, 직접성 등 여러 가지 요건들을 엄격히 따진다는 소리인데, 그렇게 엄격하게 요건들을 따져본 결과, 법률에 의해 직접 기본권을 침해받은 경우에는 (헌법재판소법 제41조 위헌법률심판의 루트가 아니라) 헌법재판소법 제68조 헌법소원심판의 루트를 통해서 다툴 수 있다, 헌법재판소를 찾아오라는 얘기다.

그렇게 다툴 수 있는 길이 열려 있다는 사실을 알고 안심은 하였으나, 실제로 다투자니 번거롭고, 소송에 제출할 문서들을 당사자이신 아버지의 명의로 아들이 써서 내면 되지 않나, 그러면 아버지의 이름으로 아들로서 하고자 하는 주장을 마음껏 할 수 있으니, 이렇게 간접적으로 재판에 참여하면, 꼭 소송대리인의 자격으로 재판에 참여하지 않더라도 별 상관은 없어 보였다.

소송 당사자가 아니면서 항소심의 준비서면을 직접 작성하기까지는 이러한 사고 과정을 거쳐야 했다.

30

　　자, 그럼 그동안 계속 내 머리에 맴돌았던 말들을 쏟아내어 준비서면을 작성해볼까?

준비서면

사건번호: 　20XX나○○○○○○	[담당재판부: 제 3-1 민사(항소)부]
원　　고: 　XXX	
피　　고: 　○○○	

　　위 당사자 사이의 위 사건에 관하여 피고는 다음과 같이 변론을 준비합니다. (이 준비서면은 아들 ○○○에 의해 작성되었음을 밝힙니다.)

다　음

1. 15평 토지 및 건물 일부 철거에 대한 반론

　　원심 판사 ○○○은 민법 제214조 소유물방해제거의 규정을 근거로 15평 넓이의 '침범'을 이유로 토지 인도 및 건물 '일부'의 철거를 인용하는 판결을 내렸습니다.

　　일견 합리적으로 보이는 논리지만, 이 논리를 관철하면 우리 법은 15평, 10평, 5평, … 15cm, 10cm, 5cm 넓이의 '침범'을 이유로도 토지 인도 및 건물

'일부'의 철거를 인용해야 하는, 명백히 부당한 결론에 이르게 됩니다. **형식 논리적으로 따졌을 때 이는 명백히 부당하므로** 피고 측은 **이러한 사소한 '불일치'가 발생했을 때 토지 인도 및 건물 철거 주장은 배척되어야 마땅하다**고 주장하는 바입니다.

　　실질적 내용상으로도 인간이라면 해서는 아니될 극악무도(極惡無道)한 주장이므로 배척되어야 마땅합니다. 건물을 '일부' 철거하란 판결도 납득하기 어렵습니다. 아니, **건물이 무슨 '조립식 장난감'입니까?** 어떻게 일부를 딱 떼서 내놓을 수 있단 말입니까? 원심 판사 ○○○이란 자는 과연 '뇌'라는 게 있는 자인지 의심스러울 따름입니다.

　　원고 측의 **무뇌아**(無腦兒) 수준의 **무뢰배**(無賴輩) 같은 주장을 배척하시어 법원에 '정의(正義)'와 '양심(良心)'이 살아있다는 것을 증명해주시기를 앙망하옵니다.

　　　　　　　　20XX ． X ． X ．

　　　　　　피고　　○○○　　서명 또는 날인
　　　　연락 가능한 전화번호: ○○○-○○○○-○○○○ (아들 ○○○의
　　　　　　　　　　　　　　　번호입니다.)

　　　　　　　　　　　○○지방법원 귀중

　　준비서면을 다 썼다. 컴퓨터의 한글 파일을 종이로 인쇄하여 출력하고 마지막에 아버지의 이름 옆에 도장—아버지의 도장이다. 고향에서 챙겨왔다.—을 찍자니 이게 바로 '아버지의 이름으로'인가 싶기도 하다. 바로 우체국

으로 가서 등기로 부쳐야겠다.

무거워지는 마음으로 고향에 전화를 해서 아버지께 재판 날짜가 잡혔다고 말씀을 드렸다. 당일날 같이 가면 될 테니 (고향에서 첫차 버스로 읍내에 나와 지하철을 타고 ktx로 갈아타고 —ktx의 예매는 1개월 이내가 되어서야 할 수 있어서 아직은 할 수 없었다.— 다시 지하철로 갈아타고 하면 겨우 겨우 오전에 잡힌 기일 시간에 댈 수 있을 듯했다.) 일정을 비워 두시라고 했다. 그러나 역시나 어머니가 재판 소식에 마음이 안 좋아지셔서 한참 어머니의 넋두리를 들어드려야 했다.

기분도 그렇고 컨디션도 그렇고, 이 기분과 이 컨디션을 핑곗거리로 삼아 오늘은 집필 노트를 최소한으로만 작성하고 쉬어야겠다.

31

X월 XX일 ○○지방법원으로 가기 위해 KTX 열차를, 한 달 전 예매가 가능한 오전 7시 땡! 하자마자 계좌 이체까지 해서, 예매를 완료하고 승차권을 프린터로 출력하였다. 왜 난 이런 열차 예매가 '큰 모험'으로 느껴지는 거지? 다른 무수한 (가상의) 예매 경쟁자들 틈에서 희소(稀少)한 좌석을 차지하기 위하여 긴장한 가운데 숨가쁜 여정을 떠나는 느낌? 웃긴 건 그런 가상의 예매 경쟁자들은 말 그대로 가상일 뿐이었고 (전혀 없었고) 예매한 후 좌석을 확인하니 거의 전 좌석이 널널하게 텅텅 비어 있었을 따름이었다. KTX 열차만 놓고 보면 이런 '모험'의 느낌은 단단한 착오(錯誤) 그 이상도 그 이하도 아니겠지만, 그 뒤에 가려진 목적지인 민사 법원과 2년째 접어든 민사 소송이라는 뒷배경까

지 감안하면 이 '모험'의 느낌은 단순한 착각이 아니라 단단한 현실감의 반영
이라고 보아도 무방하지 않을까 싶다.

32

역시 ○월은 (전달인) ○월이랑 다른가? 뭔가 더 찜통더위가 시작된 느낌?
평소 열지 않던 창문까지 모두 개방해서 바람이 들어오게 했고, 여러 달 머리
를 안 깎아 애매하게 긴 머리 탓으로 더 더운 기분이 드는 듯하여 예전에 머리
가 길었을 때 사둔 머리끈으로 백만 년만에 머리를 뒤로 묶었다. 흐음, 한결 낫
군. 『팔행시 천자문』의 재집필이 — 이제 막 504번째 글자까지 정리를 마쳐
서 — 딱 절반을 넘어가고 있다. 재집필 이후에 재재집필로 언어유희 부분을
더 보강하고 다듬는 일이 남아있긴 하지만, 우쨌든 긴 여정의 중간까지 이르
른 자아의 머리를 한번 쓰담쓰담 해준다.

이렇게 갑갑한 무더위 속에서 갑갑함을 더하는 소식이 들려왔다. 아이돌이
나 연예인들이 소속사랑 갈등을 일으켜 법정 분쟁으로까지 치닫는단 소식이
야 종종 들려오던 뉴스이긴 했지만, 이번 건은 좀 특이했다. 최근에 이런 류의
기사가 또 떠서 봤더니, 어렵게 자기들을 키워준 소속사를 배신하고 딴 데로
내빼려고 싸운다 무어 이런 내용이었다. 현재까지 나온 사실로만 놓고 보면
은인의 '뒤통수를 세게 때린' 모양이라 완전히 '배은망덕(背恩忘德)'의 아이콘
으로 전락할 듯하다.

무어 앞날이 우찌 될 지는 가봐야 알 일이지만 인간과 인간 사이에 '신뢰(信
賴)'가 사라진 현대 사회의 단면을 잘 보여주는 사례가 아닌가 싶다. 이해관계

(利害關係)에 기반한 인간관계는 이해관계에 의해 언제든 물거품처럼 사라질 수 있겠지. 어쩌면 너무 당연한 말 아닌가? 그러나 나도 그렇고 현재 여론도 그렇고 이런 사태에 부정적인 시각을 보이는 까닭은 **'인간과 인간 사이에 최소한 마땅히 지켜야할 도리'**란 게 있다고 믿기 때문이다. 배신은 이런 도리를 저버린 행동이라 비난받는 거고.

'인간과 인간 사이에 최소한 마땅히 지켜야할 도리'는 지금 진행 중인 민사소송에서 내가 피력(披瀝)할 가장 중요한 항변(抗辯)의 논리다. 사실 이 문제는 법보다는 도덕에 가까운 영역으로 치부되는 영역인데 바로 그러한 상식을 정면으로 반박해야 한다. 이건 도덕의 문제가 아니라 법이 관여해야 할 영역이라고 말이다.

33

이른 아침에 어머니가 전화로 깨워주시며 일찍 오라고 했다. 시계를 보니 일러도 너무 이른 시간이었다. (시골에 계신 부모님은 늘 하루를 이렇게 일찍 시작하신다. 나는 그렇지 않은데 …….) 그렇게 본의 아니게 항소심 변론기일의 전날이 시작되었다. 밤새 미리 싸둔 반찬 그릇들, 한 짐 되는 거를 짊어매고 고향으로 향했다. 늘 가던 대로 급행 지하철로 갈아타고 갔다. 원래 지금 살고 있는 여기서 케익을 사 가려고 생각했었는데 이 생각은 접었다. 어제 이 근처에 파리에서 건너온 듯한 빵집에 들렀었는데 환장할 케익 가격에 놀라버렸다. 직원에게 "원래 이렇게 비싼가요?"라고 물어봤을 정도였다. 기분 좋게 케익을 사러 갔다가 기분만 더러워져 나온 꼴이었다. 여기 대신에 평소 늘 가던 고향 지하철역 근처에 있는 빵집에서 케익은 사기로 했다. 여기 가격이 어땠었나 기억이

가물가물했었는데 보니까 여기는 그래도 합리적인 가격이었다. 폭우가 쏟아지는 가운데 고향 전철역에서 아버지를 만나 —오랜만에 아버지를 만나는 첫 순간은 언제나 가슴아프다. 볼 때마다 나이를 더 드신 것 같고, 행동이 불편해 보이는 동작들이 눈에 확 들어오기 때문이다. — 같이 집에 들어왔다.

집에서 세 식구가 작은 상에 케익을 올려두고 오손도손 둘러앉아 좀 많아 보이는 초를 꽂고, 초에 불을 켜, 생일 축하 노래를 아들과 아버지가 부른다. "사랑하는 어머니 생일 축하합니다~! ♬♪" 어머니가 쑥스럽게 웃으시며 촛불을 끈다. 어머니의 얼굴에 웃음꽃이 피는 그 순간을 소중히 하며 늘상 하는 생일 축하 의례를 거행한다. "남들이 하는 건 다 해야지!"라며 아들이 마지막에 폭죽 두 개를 터뜨리는 것도 잊지 않는다. (원래 생신은 저번 달 이맘때였는데, 저번 달에 고향에 못 내려와서 겸사겸사 한 달이 지나고서야 이렇게 의식을 거행했다.)

날도 더운 여름인데 머리도 못 깎고 폐인 모드로 글만 쓰던 상황이라 긴 머리 — 살짝 꽁지머리로 뒤로 묶을 수 있는 정도다. — 그대로 고향에 내려갔던 건데, 의외로 머리 긴 게 잘 어울린다고 어머니는 좋아라 하셨다. 이에 아버지는 난 (아들이) 짧은 게 좋은데 하셨다.

막간의 웃음 포인트 : 아들이 문득 인터넷 사진들을 보다가 느꼈던 얘기를 했다. "울 아부지, 전국노래자랑 MC셨던 그분 닮지 않았냐?"고. 이 얘기에 어머니가 빵 터지면서 그런 얘기를 여러 번 — 서울 올라가는 길에 택시 운전사에게서 듣는 등 — 들으셨다고 한다. 아, 나만 그렇게 생각한 게 아니구나! 아들은 수수께끼가 풀린 듯 고개를 끄덕끄덕한다. 아버지는 그저 그러냐는 둥 시큰둥하게 별 반응을 보이지 않는, 아버지다운 모습이었다.

34

항소심 당일날 아버지와 법원으로 떠나는 여정이 시작되었다. 고향에서 아침 7시에 첫 버스를 타고 ○○ 읍내로 나와 ○○역에서 지하철, ○○ ○○역에서 ktx 급행을 타고 ─ ktx 표를 두손 꼬옥 쥐고 언제 검사받나 하고 있었는데 무안하게도 검사를 그렇게 꼼꼼하게는 하지 않는다는 사실을 알았다. ─ ○○역까지 와서 다시 ○○ 지하철로 ○○시청역까지, 그리고 도보로 ○○지방법원에 이르렀다. 사실, 갈아타는 시간은 미리 다 넉넉하게 잡아서 여유를 부렸는데 ○○시청역까지 다 와서 도보로 걷는데 비는 오고 한참 걸어도 ○○지방법원이 나오지 않아 여기서 좀 조바심이 났다. 도착하고 보니 ○○검찰청이 보이는 데서 바로 꺾어서 ○○지방법원 정문으로 들어갔으면 빨랐을 텐데, ○○검찰청을 끼고 먼 길을 돌아 ○○지방법원 후문으로 들어가서 시간이 지체되었다. 무어 그래도 넉넉하게 시간을 맞춰 들어오긴 했다.

법원 풍경: 법정은 불량교생에게는 그저 신기한 세상이라 흥미롭게 관찰했다. 세 분의 판사 분들이 계셨다. 가운데 재판장이신 남자 분의 양옆에 여성 판사 분들이 자리를 하고 계셨다. 뒷자리에 착석해서 앞에서 재판하는 광경을 보니 원고나 피고가 나와서 구술 변론을 하기도 해서 순간 긴장했다. 아버지가 구술 변론을 제대로 할 리가 만무했기 때문이다. 아들인 내가 답변서부터 해서 항소장, 변론준비서면까지 다 써서 냈기 때문이다. 법원에 오면서 아버지께 혹시 말씀하실 일이 있으면 하나, 등기 했고, 둘, 오래 살아왔다(아버지의 할아버지부터해서 120년)는 사실 딱 두 가지만 이야기하면 된다고 누누이 말씀드리긴 했었다. 근데 다행히도 판사 분들이 아버지께 구술 변론을 시키지 않고 자기들이 알아서 간단히 사건 진행 상황을 요약해서 설명해주셨다. 나중

에 아버지가 했던 말씀이 명언인데, 피고석에서 한 게 "신분증 낸 거밖에 없었다."라고 말씀하셨다.

앞에서 하는 재판들을 보니까 더 재판을 진행할 필요가 없다고 판단될 때 판결선고기일을 잡아서 고지하곤 했다. 그걸 보고 '아, 우리도 판결선고기일을 잡겠구나.'라고 생각하고 있었는데 아니었다. 재판장이신 판사 분이 측량, 감정서, 1심 별지도면, 강제집행 등등을 운운하며, 원고 측이 1심 판결의 일부 철거 강제집행에 대한 집행가능성을 검토하기에는 뭔가 지금껏 제출한 자료로는 부족하다며 이에 대한 자료를 제출할 시간을 준 것이다. 제2차 변론기일에 맞춰내지 말고 최대한 일찍 내야 피고 측도 그 자료를 받아보고 대비할 수 있다고 하면서, 피고 측도 추가 반박서면을 낼 거 있으면 내라고 하셨다. (이런 걸 '석명(釋明)'이라고 하는구나. 법원이 사건의 내용을 거짓 없이 명확하게 하기 위하여 당사자에게 법률적·사실적인 사항에 대하여 설명할 수 있는 기회를 주고 증명할 것을 촉구하는 권한을 발동한 것이다.) 그렇게 다음 변론기일이 딱 한 달 후 이 시간으로 그대로 잡혔다. '이거 어제오늘 이 루틴이 한 번 더 되풀이되겠는 걸? 되풀이될 줄이야!'였다.

법원 해프닝:
하나. 드디어 우리 차례가 되어 아버지랑 나란히 피고 측 자리에 가서 섰는데 ─ 앞서 보니까 서 있다가 판사 분들이 "앉으세요."라고 말하면 그제서야 앉았다. 1심 때는 그냥 다들 바로 앉길래 그렇게 나도 바로 앉았었다.─ 판사 분이 2심부터는 내가 소송 대리인이 아니기 때문에 거기 앉으면 안 되고 뒷자리에 앉으라고 하셨다. 아, 네 하고 판사의 지시에 따라 피고석 바로 뒤의 관객석 자리로 가서 앉으면서, '자리'의 개념에 대한 생각이 절로 들었다. 다들 어렵게 준비해서 결국 자리 하나를 차지하는구나 …… 판사들은 판사의 자리, 판사 앞에서 뭔가 쓰고 있는 저들은 저들의 저 자리, 법률상 대리인 자격이 있는 변호사들은 이 원고석, 피고석 자리 등등등.

둘. 나의 이미니 이버지에게 지옥을 안겨준 장본인의 얼굴을 드디어 내 눈으로 목격했다. 그쪽도 변호사 없이 혼자 출석했는데, 뜻밖에도 ―아버지의 표현대로― 너무 순둥순둥한 얼굴이었다. 전혀 악인으로 보이지 않았다. 하는 짓도 어리버리해서 신분증도 안 가져와 당황해하고 우리 아버지가 원고가 맞다고 확인―그런데 아버지도 이 원고가 전에 봤을 때보다 살이 많이 빠져서 잘 못 알아봤다고 하신다. 이 소송 때문에 스트레스라도 받는 걸까?―해주어야 했다. 그리고 판사가 지금 제출한 자료가 부족하다고 설명하는데 못 알아들어서 판사가 그 얘길 두어 번 반복해서 설명하기도 했다. 뭔가 계속 어리버리한 분위기. 이런 어린 ―어리다는 건 당연히 상대적인 개념이다. 객관적으로는 나이를 먹을 만치 먹은 자였다.― 놈이랑 지금껏 싸우고 있었단 말인가? 뭔가 허무한 기분마저 들었다. (아버지께도 말씀드렸지만, 원고가 진심으로 사과하면 합의하고 땅 문제를 평화적으로 해결할 길은 열어두자고 했다. 하지만 이 자는 아직까지도 나의 부모님께 준 상처에 대해 아무런 사과도 하지 않고 있다. 되게 사과할 거 같이 생긴 얼굴인데 말이다.)

뒤에 앉아서 보고 있는데 누가 와서 다리 꼰 거 ―재판에 몰입하고 있었기 때문에 내가 다리를 꼬고 앉아 있었는지도 의식하지 못하고 있었다.― 풀라고 해서 고분고분 바로 다리를 풀었는데, 시간이 지나고 나중에 생각할수록 이해도 안 되고 뭔가 열받아서 나중에 전화해서 따져봐야겠다. 아니, 다리 꼰 게 그렇게 큰 죄냐? 살다 살다 다리 꼬지 말란 소린 처음 들어봤다. 그때 다리 꼰 거 안 풀었으면 어떻게 되는 건데? 무어 이런 질문? (사실 오늘도 재판을 마치고 상경하여 이 궁금증을 해소하기 위해 법원에 몇 번 전화를 해봤으나 재판기일이라고 자동응답이 나오면서 전화 연결이 되지 않았다.)

그나저나 판사 분들 세 분이서 재판을 진행하는 과정을 참관하며 재판관들을 '사회악의 원흉'으로까지 몰고 가는 나의 상고문 내용은 좀 수정해야겠단 생각이 절로 들었다. 다들 이렇게 공정한 재판을 위해 힘쓰고 있는데 말이다. 그런데 '사회악의 원흉'이란 말을 지울 수는 없고, 나의 쓰라린 절규 정도로 양해해달라는 취지로 말투를 좀 완곡하게 해서 덧붙여야겠다는 생각이 들었다.

　재판을 마치고 아버지랑 왔던 길 그대로 되돌아왔다. 이번에는 물어 물어 법원 정문으로 해서 나와서 아까 올 때처럼 빙 돌지 않았다. 오다가 중간에 급행 열차 시간이 많이 남아서 아버지랑 매장에 있던 베트남 칼국수집에서 간단히 점심을 먹었다. (집에서 워낙 배불리 먹고 나온 터라 간단히 먹었는데도 배가 터질 것 같았다.) 아버지는 고향 전철역에서 내리고 나는 그 전철을 계속 타고 나의 현거주지로 오는데, 울 어무니가 늘 했던 말씀이 새삼스럽게 떠올랐다. 아들이 한번 왔다가면 당신의 마음이 쫌 그렇다고. 그 얘길 그동안 많이 들었는데 별다른 감흥이 없이 들었었다. (고향집을 나올 때면 난 늘 밝게 아들 간다고 손 흔들며 나오는 패턴이었어서 꿀꿀한 감정을 느낄 모드가 아니었다.) 그런데 아버지가 전철에서 내리셔서 떠나가시는 뒷모습을 바라보자니, 떠나는 아들의 뒷모습을 바라보는 어머니의 그 마음이 어떤 마음인지 새삼스럽게 절감이 되었다.

35

소송 사건에서 '일부 철거'라는 논점이 등장했기 때문에 인터넷으로 판례들을 살펴보았다. 건물이 무슨 '조립식 장난감'이냐며 일부 철거의 부당성을 주장한 입장에서는 매우 유감스럽게도 판례들은 일부 철거를 용인하는 입장인 것으로 보였다. 쳇, 우리 쪽에 유리한 건 정말 하나도 없군! 하며 전투력의 불꽃을 다시금 가다듬었다. 강제 집행까지 가는 최악의 상황도 요 며칠 머릿속에 그려보았었다. 이번에 법원을 오가며 아버지랑 많은 얘기를 —아버지랑 단둘이 시간을 보냈던 적이 내 인생에서 얼마나 있었던가? 예전에 성묘하러 산소에 갈 때 빼고는 거의 없었던 것 같다.— 나눴는데, 그중에 아들이 어서 책으로 대박이 나서 아버지 어머니 집을 ○○으로 옮겨드리겠다!는 얘기도 있었다. 정기적으로 어머니의 약을 타러 아버지가 ○○에 있는 병원을 왔다 갔다하고 계신데, 그 병원 가까이에 집을 장만하면 괜찮지 않을까 싶었다. 어머니가 갑자기 쓰러지셔서 그 병원에 입원하셨을 때, 매주 과외 수업이 없는 날 그 병원에 문안 갔었더랬다. 그때 한적하고 여유로워 보이는 교외 모습이 마음에 들어 그쪽 동네의 인상이 내게 좋게 박혀 있었다. 그러니까 최상의 시나리오는 우리가 패소했을 때 "그래, 니들은 강제 집행해라! 강제집행을 하든가 말든가 우린 더 좋은 집으로 옮길 테니까! ~♬ ♪"였다.

이것이 아들이 아버지께 누누이 말씀드린 '져도 이기는 싸움'의 주요 골자중 하나였다. 건물이 철거되더라도 토지를 뺏기더라도 개의치 않고, 기쁘게 내버리듯 그 건물과 토지를 내주고 우리는 더 좋은 토지와 건물이 있는 곳으로 찾아 떠난다. (당시에는 패소를 전제로 이런 대책을 구상했었는데, 이제는 패소의 가능성 자체를 없애고 싶다. '질 수 없는 싸움', '져서는 안 되는 싸움!' 반드시 승소하겠다는 마음가짐으로 대법원으로 나갈 준비를 하고 있다. 왜냐

하면 그게 '정의'이기 때문이다. 우리가 이겨야 사회 정의가 구현되기 때문이다. 이 싸움의 본질은 사회 정의의 구현인 것이다.

36

고향에 갔다 온 여독이 며칠이 지났건만 아직도 풀리지 않고 있다. 평소에 집에만 있다가 운동도 별로 하지 않던 상태에서 — 살짝 과장해서 — 평소보다 몇십 배 더 활동을 했기 때문에 육체적 피로가 쌓였고, 이 피로가 법원이라는 곳에 출두한다는 데서 오는 정신적 피로와 겹쳐진 듯하다. 이런 컨디션을 핑계로 동시 집필 노트는 간단히, 가볍게 채운다.

37

항소심 때 재판장께서 원고 측에 구두변론을 하라고 시켰을 때, 원고 XXX가 '원상회복을 원합니다'라는 발언을 했었다. 당시에도 이 '원상회복'이란 말이 걸렸는데, 원상회복? 회복? 120년 내내 지금 상태 그대로가 원상(原狀)인데 무슨 회복(回復)? 이 말은 다퉈볼 만하다고 생각해 항소심 두 번째 변론기일을 위한 준비서면을 다음과 같이 작성하여 법원에 등기로 보냈다.

준비서면

사건번호　20XX나○○○○○	[담당재판부: 제 3-1 민사(항소)부]
원　고: XXX	
피　고: ○○○	

　위 당사자 사이의 위 사건에 관하여 피고는 다음과 같이 변론을 준비합니다.
(이 준비서면은 아들 ○○○에 의해 작성되었음을 밝힙니다.)

다　음

1. 원고 XXX의 '원상회복(原狀回復)' 주장에 대하여

　20XX년 X월 XX일 변론기일에서 원고 XXX이라고 자칭하는 자는 본인 입으로 토지의 '원상회복'을 주장하였습니다. 재판을 담당하신 ○○○, ○○○, ○○○ 판사님들도 눈과 귀로 똑똑히 '원상회복'이란 낱말을 들으셨습니다. **해당 토지와 건물은 피고 측이 조부모님 대부터 120년 넘게 점유하여 살아온 곳이기 때문에, 회복되어야 할 '원상'이란, 원상태란, 120년 넘게 유지되고 보존되어 온 '현재의 상태 그대로'라고 보는 것이 타당하다고 사료**되옵니다.

　다시 말하면, **원고 측이 주장하는 회복되어야 할 원상 자체가 120년이 넘는 세월 동안 존재한 적이 없기 때문에 원고 측의 '원상회복' 주장은 이유 없고, 이** 주장은 오히려 **피고 측이 해당 토지와 건물에, 120년이라는 유구한 세월 동안 지금까지 살아왔던 대로, 앞으로도 계속 살아야 할 당위성을 뒷받침해준다**는 사실을 재판부는 판결하실 때 적극적으로 반영해주시기를 바라는 바이옵니다.

100　⚖　불효자식의 효도의 길 Part.2

2. 원고 XXX이 본인인지 신원 확인(身元確認)의 건에 대하여

20XX년 X월 XX일 변론기일에서 원고 XXX이라고 자칭하는 자가 신분증을 제시하지 못했기 때문에 피고 측에서 본인이 맞다는 확인을 즉석에서 해주었었습니다. 설마 신성한 법정에서 재판부를 상대로 기망 행위(欺罔行爲)를 했을 리는 없다고 생각되지만, 피고 측은 그날 법정에 출석한 자가 원고 XXX 본인이 맞는지, 전에 보았던 외모랑 많이 달라진 외모로 인하여, 신빙성이 의심이 되는 상황입니다. 다음 재판에서 더 확실히 신원 확인을 해주시기를 앙망하는 바이옵니다.

20XX .   X .   XX .

피고   ○ ○ ○   서명 또는 날인

연락 가능한 전화번호: ○ ○ ○-○ ○ ○ ○-○ ○ ○ ○

(아들 ○ ○ ○의 번호입니다.)

○○지방법원 귀중

38

오전에 법원에 전화해서 궁금했던 '다리 꼬는 거 안 되느냐?'는 문제를 물어봤는데, 자기는 시무관인가 하는 사람이라 그런 거는 잘 모른다고, 그런 문제는 합의부에서 답변할 사항이 아니라서 직접 답변을 해드릴 수는 없고, 대신에 민원을 넣어보라고 답을 찾을 수 있는 답을 해주셨다. 그래서 온라인으로 민원을 넣어서 ―엄밀히 말해서 '민원'이 아니라 법원 홈페이지에 개설된 '법원에 바란다'라는 소통 창구를 통해서― 궁금한 사항을 물어본 후에

법정 질서 유지와 관련해서 의문점을 문의 드립니다.

지난 20XX년 X월 XX일 사건번호 20XX나○○○○○○ [담당재판부: 제 3-1 민사(항소)부] 법정에서 있었던 일입니다. 피고 측 가족으로 자기 차례를 기다리며 자리에 앉아 있었는데 어떤 분이 오셔서 저보고 '다리 꼬지 말라'고 말하였습니다. 그래서 얼떨결에 다리를 풀었는데, 정말 궁금한 게

법정에서 '다리 꼬지 말라'란 법이 있나요? 만일 그런 법이 없다면 그때 저분이 제게 그런 '부당한 명령'을 내릴 권한이 없지 않습니까? 저분이 하신 말씀이 단순히 '권고'인지 '명령'인지도 사실 헷갈리고요.

살다 살다 '다리 꼬지 마'란 소린 생전 처음 들어봐서요.

저는 비록 다리는 꼬고 있었지만 마음은 재판정에 출석한 그 누구보다 판사 분들께 커다란 존경심을 품고 그 자리에 있었다고 확신합니다. 예의는 마음이 제일 중요한 거잖아요?

결론은

1. 법정에서 '다리 꼬지 말라'란 법이 있는지 여부랑

2. 만일 그런 법이 없는데도 그때 그분이 제게 그런 '부당한 명령'을 내렸다면 제게 정식으로 사과하라고 전해주시길 바랍니다.

3. 다음에 '다리 꼬지 말라'고 말을 들었을 때 제가 불응하면 어떤 조치가 취해지는 게 있는지도

아울러 답변해주시면 감사드리겠습니다.

간단히 쓴 준비서면을 법원에 등기로 부치러 우체국으로 터벅터벅 걸어갔는데, 창구에 접수하고 집으로 돌아오는 길에 아차! 아버지의 도장을 안 찍었다!는 걸 뒤늦게 깨달았다. 부랴부랴 우체국에 전화를 걸어 등기 번호를 말하고 사정을 얘기하고 집에 들러 도장과 인주를 챙겼다. 다시 터벅터벅 우체국으로 걸으며 '요즈음 운동이 부족했는데 고향에 갔다오면서도 그렇고 지금도 그렇고 운동을 좀 하는 날들이네?'란 생각이 들었다.

우체국에 재방문하여 나를 위해 따로 떼어놓은 등기편지봉투를 받아 그 가장자리를 칼로 찢어 준비서면을 꺼내서 서면 말미의 아버지의 이름 옆에 날인란에 아버지 도장을 정성스레 찍고 (한번 찍었는데 흐린 것 같아 다시 그 자리에 찍었는데 살짝 엇갈려 찍어서 그냥 그 옆에 다시 잘 보이게 세 번째 찍고 나서야 겨우 제대로 찍은 느낌이 들었다.) 다시 준비서면을 고이 접어 봉투에 집어넣고 찢긴 부분을 스카치테이프로 잘 봉합한 후 우체국 접수창구에 다시 주고 나왔다.

다시 터벅터벅 길을 걸어 집으로 돌아오니, 오전에 문의했던 민원에 대한 답을 주기 위해 법원에서 직책이 행정관 6급 주사(?)란 분이 전화를 주셨다. 자기랑 이름이 같은 사람을 만나다니 하며 첫 운을 떼시는데 나도 이런 우연이 …… 하면서 괜히 호감이 들어 통화를 즐겁게 할 수 있었다. 설명도 깔끔하게 잘 해주셨다. 정리하면

당시 법원 보안관리 대원이 자신의 주관적 판단으로 내게 다리를 꼬지 말라고 말한 것으로 보인다. 규정으로는 운영 예규란 게 있는데 법정 질서 유지 활동으로 몸을 젖히지 말 것, 기타 정숙하지 못한 행동을 바로잡을 수 있다는

예시가 있다고 한다. 당시 내가 앞자리에 앉아서 몸을 약간 뒤로 젖힌 채 다리를 꼬고 있어서 꽤 정숙하지 못한 행동으로 보였단 얘기였다. 예의라는 개념은 판사에 대한 예의라기보다 법에 대한 예의라고 봐야 한다고 했다. (내가 민원을 넣을 때 난 다리는 꼬고 있었을지언정 마음만은 판사에 대한 존경심이 가득했다고 말한 데 대한 답인 듯하다.) 그래서 나의 마지막 질문, 만약 다리 꼬지 말라는데 계속 다리 꼬고 있으면 어떻게 되는 거냐? 물으니 보안 대원도 권고할 수 있을 뿐이지 강요는 할 수 없단다. 소송 질서 유지는 판사의 권한이기 때문이라고 했다.

우찌우찌 그렇게 항소심에서 겪었던 일과 관련하여 미진했던 법적 절차에 대한 의문 해소까지 모두 마무리했다.

39

이게 다 잠을 제대로 못 잔 탓이다. 어제 빌려온 만화책 『몬스터』 다섯 권이 너무 재밌어서 밤잠도 줄이고 밤 늦게까지 보다 깜빡 잠들었다가 깨서 오늘 아침 내내 이어서 보고 있다. 그래서 잠을 별로 못 자서 피곤한 탓이다. 이렇게 갑자기 많은 눈물을 쏟은 까닭은. 이 만화의 에피소드 중에, 자식 노릇 제대로 하지 못하는 자식을 보고 "넌 그동안 엄마한테 해준 게 뭐가 있냐?"는 진부한 멘트를 만났을 때 참을 수 없이 오열한 까닭은. "너 이 자식아, 너는 엄마 생각을 조금도 하지도 않지? 네 엄마는 그런 너를 생각하며 매일매일 이 요리를 해. 네가 먹지도 않는 이 요리를. 이게 얼마나 맛있는지 넌 기억도 못 하지? 우적우적 쩝쩝!"이라는 만화 속 대사는 며칠 전 고향에서 뵈고 온 연로하신 어머니, 항상 아들 걱정을 하시는 ─허리가 많이 구부러져 버리신─ 나의 어머니의 마음 그대로였고, 그런 어머니께 무심한 채 평생 살아온 철이 덜 든 아들 모습 그대로였기 때문이다. 나의 자화상과 다를 바 없었기 때문에 한마디 한마디가 비수처럼 내 가슴에 박혔다.

그리고 이 에세이는 그런 아들이 이제서야 어머니께 아버지께 무언가를 해드리고자 하는, 어머니 아버지를 지켜드리고자 ─솔직히 칼을 쥐고 있는 재판부가 어떤 판결을 내릴지 모르니까 지켜드리지 못하면 어떡하나 마음이 무거워질 때도 많다.─ 하는 또 하나의 피눈물의 기록이다.

40

제2심 제2차 변론기일을 한 달 남겨둔 시점에서 또 급행 열차를 예매했다. 이번에는 KTX가 아닌 SRT로. 시간도 거의 비슷해서 거의 데자뷰 deja vu랑 (느낌만) 비슷한 느낌이다.

41

아침에 동시 집필 노트를 채우고 모자란 잠을 좀 자려고 누워 있었는데 누군가 문을 두드려 잠깐 든 잠이 깨버렸다. 이제는 익숙한 우체부였다. 법원으로부터 발송된 특별 송달이었다. 서류를 열어보니 원고 측에서 제2심 제1차 변론기일에서 재판부가 지적한 사항을 반영하여 청구 취지를 부분 철거로 바꾼다는 내용이었다. 1심 때부터 봐서 이제는 너무도 익숙한 측량 자료가 그대로 들어 있었다. 그런데 이건 뭐지? 별로 새로운 내용이 없는 내용인데? 내용을 훑어보며 고개를 갸우뚱했다. 무어 결국 저쪽도 끝까지 싸워 보자는 얘기구나. 싸우자고 덤비는데 싸워 줘야지 뭐 별 수 있나. 그나저나 잠을 또 제대로 못 자고 또 깨어버렸네, 이런. 이 모자란 잠은 언제 자나? 낮잠이여, 다시 오라! 신경쓸 가치도 없는 원고 측 주장을 떨쳐버리려는 듯이 다시 잠을 청하며 드러누웠다.

42

참, 낮에 반가운 문자가 하나 왔다. 총각작 『사자성어 사행시』를 출간했던 출판사에서 곧 인세를 지급하겠다는 내용이었다. 작가 인생에서 최초로 받는 인세가 될 터인데 과연 얼마가 들어올지, 기대감으로 가득차서 기분은 이미 완전 좋은 상태다.

43

순우리말 사전의 뜻을 옮기는 작업에 돌입했다. 순우리말은 벌써 여러 달째 집필을 이어오고 있는 동시 집필 주제들 중 하나이다. 이것 역시 …… 양이 장난이 아니다. 며칠 또 이거 붙들고 씨름해야 할 듯하다.

고향에 계신 부모님께 전화로 어제 출판사에서 일러준, 인세(印稅)가 들어올 거란 소식을 전해 드렸다. 인세란 낱말이 좀 어려운 단어라서 한 글자 한 글자 또박또박 알려 드렸다. 아들이 드디어 작가로서 수입이 들어온다는 소식에 뛸 듯이 기뻐하시는 목소리 …… 앞으로 더 많이 펄쩍펄쩍 뛰어오르시게 해드려야지.

44

총각작 『사자성어 사행시』의 첫 인세가 들어온 걸 확인했다. 정말 누구 코에 붙이기도 뭣한 금액이었다. 참 민망하고 씁쓸한 금액이라 쓴웃음을 짓고 말았다. 쩝, 인세가 들어오면 자랑하며 고향의 부모님께 쇠고기를 사서 보내 드려야지 하고 좋아했는데, …… 쇠고기는 다음 기회를 기약해야 할 듯하다. 다음 인세를, 다음에 인세를 두둑이 받을 날을 …….

45

법원에서 뭐가 또 날라왔다. 부대항소장이란 제목 하에 1심에서 일부 패소한 부분에 대해 불복한다는 내용이었는데, 이것도 뭐, 새로운 게 전혀 없는 내용이었다. 괜히 화장실에 있다가 우체부 아저씨의 문 두드리는 소리에 후다닥 방으로 돌아가 옷을 입고 나와서 우편물을 받는 수고만 했다, 이런.

46

요즈음 진행 중인 민사 재판이 3심인 대법원까지 갔을 때 할 얘기들이 머릿속에 언뜻언뜻 떠오른다. 그러면 그때그때 그 생각들을 한글 파일에 옮겨 적곤 하는데, 어차피 2심 결과는 기대도 하지 않고 있고, 진짜 싸움은 3심이기 때문이기도 하고, 이러한 생각들을 모아 민사 소송 에세이를 내기로 결심했기 때문이기도 하다. (그리고 그 결실이 바로 이 『불효자식의 효도의 길』에세이다.) 가급적 순화된 표현을 써야하겠지만, 치밀어오르는 분노에 격해지는 표현을 과연 자제할 수 있을지는 잘 모르겠다. 나의 목소리가 과연 씨알이 먹힐 것인가, 대법관들에게, 그리고 전 국민들에게? 물음표의 크기는 커져만 간다.

47

어제부터 비가 오다 안 오다 하더니 오늘은 더 본격적으로 비가 오는 분위기다. 저번 달에 2심 재판을 받으러 갈 때도 날씨가 이렇더니 이번 달에 두 번째 2심 재판을 받으러 곧 가야하는데 날씨가 또 이렇다. 공교로운 하늘의 우연에 잠시 신비로움을 느낀다.

48

아버지께서 역에 마중나와 계셨다. 집에서 일찌감치 나오셔서 한 시간 넘게 기다리셨다고 했다. 같이 고향집으로 콜밴을 불러 타고 갔다. 한 달 만에 아들을 반기는 어머니를 뵙는데, 저번 달에 왔을 때는 아버지가 나이 드신 게 보여 마음이 아팠는데, 이번에는 어머니가 나이 든 게 확연히 눈에 띄어, 가슴이 너무 아팠다. 처음엔 어머니를 똑바로 바라볼 수 없을 정도로.

아버지는 아들에게 통닭을 사주려고 또 읍내로 나갔다 오시기도 하고, 비료를 주며 농사일을 하시느라 하루 종일 바쁘게 움직이셨다. 어머니가 거동이 불편해서 아버지가 일을 거의 도맡아 하시고 있다. 밤에 무섭게 폭우가 쏟아졌는데, 이렇게 비가 올 줄 알았다며 비료가 다 씻겨 내려간다고 낮에 비료를 준 건에 대해 다음날 아버지는 어머니에게 단단히 바가지를 긁히셨다. 아버지에게 바가지를 긁는 어머니와 아무 말 없이 그 잔소리를 다 받으시는 아버지의 모습은, 늘상 있는 일상이지만, 아들에게는 세상에서 가장 아름다운 풍경이다. 바로 시랑의 풍경이다.

49

전날 저녁 7시부터 일찍 자려고 누워 폼을 잡으며 자다 깨다를 반복하다 아침 5시에 기상했다. 어머니 아버지는 새벽부터 고추를 말리는 일을 하고 계셨다.

울 어무니가 장가 가란 소리하며 내게 늘 하시는 말씀이 '옆에서 챙겨주는 사람이 있어야' 한다는 건데, 아옹다옹 지내는 어머니 아버지의 모습을 보며 '챙겨주는' 내용이 첫째, 옷 챙겨주기, 둘째, 밥 챙겨주기, 셋째, 잔소리 챙겨주기구나란 생각이 문득 들었다.

저번 달에 한 번 다녀온 길이라, 이제는 익숙하게, (어차피 3심에서 승부를 볼 생각이라 2심 결과에는 연연하지 않는 상태라 마음도) 편안하게, 아버지랑 ○○법원에 가는 여정에 올랐는데, 오늘따라 유달리 방향을 헷갈리는 일들이 많았다. ○○역에서 ○○ ○○역으로 가야 하는데, 늘 그랬듯 서울로 올라오는 ○○ 방향으로 개표구를 통과하기도 하고, ○○ ○○역에서 ktx와 비슷한 srt를 타는데도 ○○ 방향으로 들어갔어야 하는데 반대로 서울 방향으로 들어갔다가 다시 나오기도 했다. 재판을 앞두고 이렇게 방향을 헤매니, 괜히 불길하기도 하고, 내가 제대로 된 방향을 가고 있는 게 맞나? 지금까지 내가 진행해 온 재판의 방향이 잘못된 건 아닐까? 라는 생각까지 하면서.

그렇게 헤매며 법원에 도착해서 늦지 않게 재판정에 입정(入廷)했다. 저번처럼 앞서 진행되는 재판들을 신기한 듯 구경하였다. 글쓰는 게 일이고 좋은 아이디어나 귀담아들을 말들을 메모하는 버릇이 있기 때문에, 습관적으로 재판장이 하시는 말씀들을 준비해온 종이에 받아적으면서 들었다.

* **구체적 타당성 면에서 합리적 의심이 있다.** (이 말 좋은데? 내 준비서면에도 넣어야겠는데?)
* **(1심에서 항소심으로 넘어오며) 추가되는 주장이 있느냐 없느냐?**
* **항소심 첫 기일인데 원고의 주장이 불분명하여** (금액이 이랬다 저랬다 했다.) **기일을 한 번 더 열겠다.**
* **영상 재판이란 것도 있네.** (한쪽은 법정에 출석했는데 다른 쪽은 인터넷으로 연결되어 재판이 진행되었다. 이런 건 난생 처음 보는 광경이었다.)
* **법원에서 전달한 문서를 받지 못하였으나 출석한 당사자에게 송달된 것으로 간주된 상황에서** —이런 상황은 명백히 그 당사자에게 불리한 결과를 야기할 것이므로— **문서의 내용을 지금이라도 법정 옆에 설치된 스크린에 뜬 것을 사진으로 찍어서 확인하라고 당사자를 배려하는 차원에서** 말씀하시는데, 이때 재판장이 위엄있게 —그동안은 자상하게 말씀하시는 것만 보았었는데 말투가 달라졌다.— **"재판장이 허가하니 사진을 찍어라."**라고 명령을 내리셨다. 살짝 말귀를 못 알아듣는 출석 당사자에게 짜증이 난 것 같아 보이기도.
* **"쟁점과 관련해서 구술 변론하실 거 있으신가요?"** 재판장의 질문에, **"변론 준비서면으로 대체하겠습니다."**라고 영상으로 출석한 이가 대답.
* **"변론 종결하고 판결 선고기일을 잡겠습니다."**

저번처럼 재판이 지연되어 이렇게 한참 구경한 뒤에야 우리 순서가 되었는데, 저번보다는 덜 기다린 느낌이었다. 뭔가 지난 첫 기일 때랑 비슷한 풍경이 펼쳐졌다. 저번처럼 신원 확인 절차로 시작되었는데, 얼굴이 기억이 나셨는지 재판부에서 이번에는 우리 아버지의 신분증을 확인하지 않으셨고, (다만 준비시면으로 내가 원고가 동일인인지 의심스럽다고 적이 냈었던 걸 귀담이들이주신 듯) **원고에게 구체적인 주민등록번호까지 말하라 하면서 원고의 신원을 철저하게 확인해주셨다.**

저번에도 원고에게 제출한 자료가 불충분하다고 뭐라 뭐라 재판장이 말씀하셨었는데, 이번에도 똑같았다.

"원고가 주장하는 일부 철거에 대해서 집행이 가능한지가 의문이 들어서 집행 가능성에 대해 추가 자료 제출을 요구했는데, 별 말씀이 없으세요. 변경신청서, 부대항소장은 제출이 되었는데 1심 때 자료 그대로 제출한 것뿐이고 추가로 제출한 자료가 없습니다." (그래, 이게 나도 의아했었어. 왜 똑같은 걸 자꾸 보내는 거지? 하면서.)

재판장의 질책에 원고의 답변이 가관이었다. 우물쭈물하면서

"제가 잘 몰라서 ……." ("제가 잘 몰라서"? "제가 잘 몰라서"라니 …… 이거 이 민사 소송에서 '최고의 명대사' 중 하나인데?)

재판 후에 법원에 전화를 걸어 문의는 해보았다는 어설픈 변명이 이어졌으나, 재판에서 재판장이 직접 한 이야기가 중요하지, 전화상으로 법원의 다른 직원이 하는 안내를 믿었다는 말 자체가 궁색한 변명이었다. 그렇게 기가 죽은 듯한 원고의 대답에 재판장이 정색을 하고 또 다시 위엄 있게 한마디 하는데:

"재판은 자기 책임 하에 하는 겁니다."

이것도 또 하나의 '명대사'! 쉽게 말해 "법을 잘 몰라요."란 원고의 말에 "어쩌라고?"라고 대답한 거였는데, 이 말이 쫌 멋졌고, 왠지 우리에게 유리하게 재판 결과가 나올 것 같아 마음에 더 들었다.

그런 대화가 오고 간 후에, 2심의 모든 변론이 종결되고, 선고일자가 공표되었다. 한 달 즈음 걸리겠거니 하고 다음 달로 예상하고 있었는데 의외로 두 달이 지난 XX월 이맘 때로 선고기일이 잡혔다. (나중에 판결문이 송달되기 때문에) 선고기일에는 법정에 불출석해도 불이익이 없다는 안내를 해주시면서. 선고기일을 듣고 법정을 나오면서 뒤에 보안을 위해 앉아계신 분께 선고기일을 한 번 더 확인차 물었더랬다. 돌아온 대답은 "그런 건 나 몰라라."였다. 뭔가 살짝 불친절한 거 같아 집에 와서 <법원에 바란다>에 문의 글을 넣어보았다. 저번에 1차 변론기일을 마칠 때 그때 그 자리에 앉아 계셨던 다른 분은 2차 변론기일을 확인해달라고 했더니 친절하게 포스트잇에 적어서까지 알려주셨었다. 이거랑 너무 대조가 되어서 어리둥절했다.

재판에서 원고가 혼이 나고 쩔쩔 매는 꼴이 정말 통쾌했나보다. 법원 건물을 나오면서 내 얼굴에 웃음꽃이 절로 피었다. 만면에 웃음이 가득했다. 이 글을 쓰는 지금도 그 생각하면 웃음이 절로 나온다. 오랜 기간 동안 소송이란 가뭄 속에 메말랐던 얼굴에 단비 같은 웃음이었다. (그런데 건물 일부 철거에 대한 집행가능성이 도대체 뭔 말인지 법률구조공단에 문의해봐야겠다. 이게 무시하지 못할 중요한 쟁점인 것으로 보이고, 이게 과연 우리한테 유리한 건지도 —오늘 분위기로 봐서는 유리해 보이긴 하지만— 잘 모르겠다.)

아버지랑 1호선 기차를 타고 다시 돌아왔다. 아버지는 고향역에서 또 먼저 내리시고 나는 그대로 상경하는 패턴도 똑같았다. 어제는 잠을 못 잔 상태로 집에 내려오는 게 힘들었는데, 오늘은 어제부터 오늘까지, '아들'이 '귀한 손님'이라도 되는 듯 어머니가 해주신 고기 반찬을 꾸역꾸역 먹고 낮에 재판을 마치고는 아버지랑 중국집에서 —아버지는 짜장, 난 짬뽕— 점심까지 두둑이 먹었더니 배가 터지는 것 같아 올라오는 길이 너무 힘들었다. 올라오면서 많이 나아지긴 했는데 앞으로 며칠 밥을 안 먹어도 될 정도 같았다.

몸은 그렇게 힘들었지만 이번에도 재판 따위보다 재판을 하러 왔다 갔다 하며 아버지랑 둘이 함께 하는 시간이 생겼다는 게 훨씬 중요하고 뜻깊은 의미로 다가왔다.

밤에 재판에 대해 궁금한 게 많았던 어머니가 전화해서 이것저것 물어보셨다. 낮에, 아 오전이니까 아침이구나, 궁지에 몰린 꼴을 보였던 원고를 떠올리며 또 기분이 좋아져 "이번 재판 결과는 아주 좋다!"고 어머니께 자신 있게 말씀드렸다. (물론 내심으로는 실제 재판 결과가 어떻게 나올지 장담할 순 없었지만.) 그렇게 이런저런 얘기하다가 어머니가 고향 창밖에 달빛이 비친다는 말씀을 하셨다. 보니 반달이라고 하셨다. 내 방 창밖으로도 보니 반달이 떠 있었다. 저 반달로 어머니랑 나랑 이어지는 기분이 괜찮았다.

집에 와서 누웠다 잠시 잠들었다 깨며 아장아장 작가 노트를 채우고 있다. 고향에 다녀오느라 못했던 어제 오늘 이틀치 동시 집필 노트를 채우고 하루를 마무리한다.

50

법원에 바란다

○○○님의 작성하신 글이 접수되었습니다.담당부서에서 답변 완료후 게시 여부를 판단하여 게시되오니 착오없으시기 바라며 작성하신 글의 진행상황은 "나의글 보기"에서 조회 하시기 바랍니다.(단, 작성일 기준으로 "개인정보의 보유 및 이용 기간(3년)"이 경과한 글은 제외함)

https://www.scourt.go.kr/portal/advice/AdviceList.work

'사소한 불친절'과 관련된 의문점, 문의 드립니다

오늘 20XX년 X월 XX일 사건번호 20XX나○○○○○○ [담당재판부: 제3-1 민사(항소)부] 법정에서 있었던 일입니다. 피고 측 가족으로 제2차 변론기일에 참석해서, 재판장님께서 변론은 이제 종결하고 선고기일을 20XX년 XX월 XX일 X시 XX분으로 알려주시는 걸 필기하고 나오면서, 재차 확인할 겸

제일 뒷자리에 컴퓨터가 있는 책상에 앉아 계신, 보안 관리하시는 분인가 싶은 분께 방금 선고기일이 나왔는데 확인해서 포스트잇에 메모해주실 수 있느냐고 여쭤봤습니다.

제가 왜 이런 부탁을 드렸냐면 저번에 20XX년 X월 XX일 제1차 변론기일 때 —그때도 확인할 겸— 그 자리에 앉아계신 분께 방금 제2차 변론기일 날짜 나온 거, 확인해 주실 수 있느냐고 여쭤보니까 앉아 계시던 컴퓨터로 확인하시

더니 '친절하게' 그 날짜를 거기 책상에 비치되어 있던 포스트잇에 적어, 제가 적어달라 했던 것 같기도 하지만, 제게 주셨었기 때문입니다.

그런데 이번 분은 나는 그런 거 해주는 사람이 아니다, 그런 걸 내가 어떻게 알겠느냐, 나는 전혀 모르는 일이다, 알고 싶으면 민원실에 알아보든가 해라, 식으로 한결같이 '나 몰라라'셨습니다. 저번에 친절히 알려주셨던 분이 계셨어서 이번에도 물어본 거라고 했더니, 나는 지금 임시로 여기 와 있는 사람이다 라며 '나 몰라라'만 누차 반복하셨습니다.

무어, 제 사소한 궁금증에 반드시 답변해야할 의무는 당연히 없으신 거겠죠.

다만, 납득이 안 가는 건 그저 저번 분이 그러셨던 것처럼 책상에 있는 컴퓨터로 잠깐 확인해보면 확인할 수 있었을 일을, 저번 분도 그렇게 하셨었으니까요, 그 잠깐의 확인도 할 생각을 하지 아니하고 그저 '나 몰라라'하시는 게 살짝 '불친절'하다는 느낌이 들어서입니다.

궁금한 건 딱 하나입니다: 그 뒷자리 컴퓨터로는 그때 변론기일이 종결되면서 공지된 '선고기일'을 확인할 수 없었던 것인가? 입니다.

(간단히 확인할 수 있는 사항인데 확인 안 해주셨다 하더라도, 그분도 정말 몰라서 그랬을 수 있으니까 어쩔 수 없는 일이라고 생각합니다.)

제가 개인적으로 하고 있는 일이 궁금한 거 대답하려고 노력하는 일이라 궁금해서 여쭤보는 바이오니, 바쁘시겠지만 친절히 답변 주시면 감사하겠습니다.

오후에 <법원에 바란다>에 문의를 넣었던 내용에 답변을 주기 위해 ○○ 법원으로부터 전화가 걸려왔다. 저번 달에 전화를 주셨던, 놀랍게도 나랑 이름이 같았던, 그분이었다. 그때 내가 물어봤던 선고기일을 확인해주셨고, 업무 시스템에 대해 설명을 해주셨다. 그 뒤에 앉아 내 질문을 받았던 사람은 법정보안관리대원으로 재판부 소속이 아니란다. 내 질문에 대한 대답을 모르는 게 당연하다는 뜻이었다. 내 질문에 대한 답은 판사 밑에 앉아 있는 실무관에게 했어야 하고, 이 실무관이 현장에서 전산으로 입력해야 컴퓨터에서 선고기일을 확인할 수 있는데, 당시는 재판이 끝난 직후라 아직 실무관이 전산으로 입력하지 못했을 가능성이 크다고 했다. 그리고 재판 진행 상황을 확인할 수 있는 사이트를 소개해주셨는데 대법원 사이트로 들어가서 '대국민 서비스'를 누르고 하단에 '사건 검색'으로 들어가 사건 번호와 당사자 이름을 기입하면 된다고 했다. (나중에 확인해보니 우리 사건이 검색이 되는 걸 확인할 수 있었다.)

사건 검색과 관련하여 문득 든 의문이 있어 여쭤봐도 되나 물어본 후 질문을 하나 더 했는데, 인터넷에서 사건을 검색하면 사건 당사자의 실명이 뜨는지 여부였다. 처음 소송을 접했을 때 이래저래 인터넷으로 판례들을 검색해서 보는데 하급심 판례에서 당사자 실명이 고스란히 떠서 어, 이래도 되나? 개인의 정보가 그대로 드러나도 되나? 의문이 들었던 기억이 있어서였다. 이에 대해 그 판례 검색 시스템을 관할하는 곳이 어딘지 확인해서 그곳에 문의를 해야 한다고 답변을 주셨다. 대법원 전산망이면 대법원에, 행정부 전산망이면 행정부에, 무어 이런 식으로. (궁금하면 또 물어봐야지. 나중에 저녁 무렵에 애용하는 <법원에 바란다> 게시판에 또 질문을 남겼다.)

https://www.scourt.go.kr/portal/advice/AdviceList.work

검색된 판례에서 개인의 실명이 나오는데 괜찮은 건가요?

판례들을 검색하다보면 상당수는 개인의 실명이 지워져서 나오지만 간혹 개인의 이름이 그대로 나오는 것들이 보입니다

개인 정보 보호 면에서 문제가 있는 건 아닌가 싶어서요
이렇게 불특정 다수인이 검색할 수 있는 판례 정보에 개인의 실명이 그대로 나오는 게 문제가 없는 것인지 의문이 들어 문의를 드립니다.

51

인터넷을 보다보면 갑론을박(甲論乙駁)이 펼쳐지는 경우가 많은데, 그런 인터넷의 주장들을 보며 깨달은 게 하나 있다. 감정적으로 치우쳐서 이성을 상실한 걸까? 터무니없는 주장을, 이치에 닿지 않는 말들을, 말도 안 되는 근거를 대면서도 너무도 떳떳이 주장하는 경우가 적지 않다는 사실이다. 그런 꼴을 보고 살짝 충격도 받았다. 그러나 한편으로 지금 진행 중인 나의 민사 소송 답변서나 준비 서면을 작성할 때 그동안 꽤나 감정적이었던 나 자신을 돌아보는 계기도 되었다. 부모님을 생각하면서 쓰자니 울분이 치솟았기 때문에 그리하였고, 사실 3심 대법원에 제출할 글들을 머릿속에서 구상하면서도 감정적인 문장들이 그동안 수도 없이 내 머릿속을 들락날락하고 있었다. 감정을 녹이는 건 좋지만 그러한 감정으로 인하여 나의 주장이 설득력을 잃을 정도가 되어서는 아니 되겠다 다짐한다. 내가 옳다고 믿는 바를 뒷받침해줄 근거를 대법관들이 이성에 근거하여 객관적으로 타당하다고 판단하도록 하여야 한다.

52

https://www.klac.or.kr/legalstruct/cyberConsultation.do#

건물 '일부 철거'의 '집행 가능성' 요건(과 효과), 문의 드립니다.

고향에 계신 부모님의 옆집에 이사온 자가 원고로서 지적 측량과 등기부 기재를 근거로 15평 토지 인도 및 건물 철거 소송을 제기하여, 현재 저희가 피고로서 민사 소송에 휘말린 상황입니다.

1심 판결에서 건물은 침범 부분이 '전체'가 아닌 '일부'이므로, 전체의 철거를 구하는 원고의 주장을 인용할 수 없다고 판시하였고

2심 재판이 진행중인데 재판부가 원고 측에 건물의 '일부 철거'를 구하려면 일부 철거의 '집행 가능성'을 소명(疏明)하여야 한다고 설시(說示)하였습니다.

재판에 참석해서 이 말을 직접 들었는데 일부 철거의 '집행 가능성'이 무엇인지, 어떤 요건인지 제가 몰라서 문의드립니다. 원고랑 앞으로 3심까지 싸워나가야 하는데 이 말이 무슨 의미인지가 저희의 싸움에서 중요한 의미가 있을 것 같아서입니다. 답변을 주시면 감사하겠습니다.

고객님이 작성하신 사이버 상담이 정상적으로 접수가 완료되었습니다.

모기 때문에 새벽에 잠이 깨서 모기를 잡느라 잠을 설치다가 문득 생각나

대한법률구조공단 사이트에 들어가서 건물 일부 철거의 집행가능성이 무엇인지 요건을 문의하는 글을 남겼다. 대한법률구조공단의 온라인 사이버 상담은 선착순으로 하루에 문의하는 상담 수가 제한되어 있어서 일찍 서둘러야 하는 면이 있다. 상담 문의글을 올렸더니 접수가 되었다고 내달 둘째 주까진 답변이 될 거라고 알림 문자가 왔는데 번호가 054였다. 054가 어디지 하고 찾아봤더니 경북의 지역 번호였다. 대한법률구조공단의 본부가 경상북도에 있었구나, 왠지 본부는 서울에 있을 것 같은데 아니었구나 생각이 들었다. 자, 우쨌든 할 거도 했고, 모기도 두 마리 잡았으니 다시 눈 좀 붙여야겠다.

라고 누웠으나 결국 잠을 못 자고 날이 밝았다. 동시 집필 노트— 요즈음에는 노트가 아니라 고향에서 가져온 달력을 잘라 그 뒷면에다 적고 있긴 하지만 무어 이것도 노트긴 노트지.— 채우고 X월의 마지막 날을 경건히 보내면서 잠이 오길 기다리기로 한다.

53

법원도서관에서 <법원에 바란다>에 올린 질문에 대한 답변을 주시기 위해 관계자 분으로부터 전화가 왔다. 판례에 실명이 뜨는데 이게 괜찮나? 문의했었는데, 일단 그런 판례를 어디서 보았는지 확인하는 질문을 주셔서 (제주지법 판례였었다는 말과 함께) 종합법률정보 glaw.go.kr 이라고 대답하고 설명을 들어보니, 예전 것들이 실명이 나온 게 있어서, 개인정보보호법인가 하는 법이 제정된 이후에 비실명화 작업을 계속 진행 중이라고 한다. 즉, 원고 이름이든 피고 이름이든 실명이 뜨면 안 되는 게 원칙. 이게 최근 화두가 되는 문제라고

도 한다.

실은 내가 소송 사건에 휘말려서 나의 사건이 판례 검색 시스템에 등재되었는데 나나 나의 부모님 실명이 뜰까 봐 걱정이란 사정을 털어놓으니, 모든 사건이 판례로 등재되는 건 아니고 판례 변경 등 중요한 사건들이 판례 정보 시스템에 등재된다고 나를 안심시켜 주셨다. 그런데, 그럼 또 궁금한 게 모든 판례들이 판례 변경 판례들이 아닐 텐데 등재되는 판례의 기준은 그럼 과연 무엇인지 궁금해졌다. 그렇게 전화로 설명을 하시다가 내가 꼬리에 꼬리를 물고 질문을 연달아 하자, 시간이 너무 길어지는 듯해서인지, 담당 부서는 법원도서관의 자료편찬과란 곳인데 정확한 답변은 다시 서면으로 주시겠다고 했다. 새로 생긴 의문점은 <법원에 바란다>에 추가로 질문을 넣으면 이전 질문들에 대한 답과 통합해서 답변을 주시겠다는 말씀과 함께. 그럼 다시 질문하러 <법원에 바란다>로 가볼까?

54

https://www.scourt.go.kr/portal/advice/AdviceList.work

판례 검색 시스템에서 개인의 실명이 나오는 건, 추가 의문 사항입니다

glaw.scourt.go.kr 종합 법률정보 판례 검색 시스템에서 판례를 검색했을 때 개인의 실명이 나오는 경우가 있어서 문의를 드렸었는데 오늘 법원도서관 관계자 분으로부터 전화상으로 '원칙은 이름이 공개되어서는 아니되고, 비실명화 작업이 진행중'이라는 답변을 받았습니다.

그런데 전화상으로 통화하면서 추가로 궁금한 사항들이 생겨 질문을 드립니다.

1.

glaw.scourt.go.kr 종합 법률정보 판례 검색 시스템에 모든 판례가 등재되는 것은 아니라고 하는데요. 예를 들어 판례 변경 등 중요한 판례가 등재된다는 설명을 들었는데, 모든 판례가 전원합의체(全員合議體) 판례인 것도 아니고, 판례 변경된 판례가 아닌 판례들도 다수 등재되는데, 그렇다면 <판례 검색 시스템에 등재되는 판례의 기준>이 궁금합니다.

제게 이와 같은 궁금증이 생기는 이유는 사실 저의 부모님이 지금 민사 소송에 휘말리셔서 재판이 진행 중에 있거든요. 현재 2심까지 거의 끝났고, 아마 3심 대법원까지 갈 확률이 매우 높습니다. "저의 사건을 판례 검색 시스템으로 검색해서 다른 누군가가 혹시 보지 않을까?"란 의구심이 처음 판례 검색 때 실명이 나오는 문제를 여쭤본 이유이기도 했습니다.

실은 지금 진행 중인 재판에서 저희가 주장하는 내용이 바로 '판례 변경'이기도 하거든요.

2.

같은 맥락에서 (미래에 가능한 상황을 상정하고 드리는 질문인데) 만일 나중에 저희 재판이 마무리가 다 되고, 저희 사건이 glaw.scourt.go.kr 종합 법률정보 판례 검색 시스템에 등재가 되었는데, 비실명화 작업을 거치지 않고 실명이 그대로 노출되었을 때, 어디에 문의해야 이 문제점을 해결해주시는지 구제 방안을 알려주시면 감사드리겠습니다. 좀 전에 얼핏 법원도서관의 자료편찬과가 담당 부서란 설명을 들은 것도 같은데 이 자료편찬과에 문의를 해야 하는지, 지금처럼 <법원에 바란다>에 비실명화를 요청하면 되는지 궁금하네요.

3.

(계속 가정 상황을 가정하고 드리는 질문이지만,) 나중에 저희 사건에서 저희 주장이 받아들여져 실지로 '판례 변경'이 이루어졌을 때, 3심 대법원 판례가 glaw.scourt.go.kr 종합 법률정보 판례 검색 시스템에 등재되는 거야 당연히 그러할 터이고, (만일 이런 경우라면) 이 3심 이전의 1심, 2심 판례들까지 아울러 모두 판례 검색 시스템이 등재되는지 여부도 궁금합니다.

55

여전히 틈나는 대로 머릿속에 떠오르는 대로 3심 재판에서 다툴 내용을 한글 문서에 그때그때 작성하고 있다. 이 내용들로 상고할 때랑 재판할 때랑 법률 서식을 채워서 다툴 예정이다. 오늘 생각난 논리들—취득시효의 입법 취지 및 현행 판례의 제3자 보호의 부당성—은 나름 꽤 만족스러웠다. 처음엔 질 생각으로 시작했던 싸움인데 —져도 좋으니 어머니 아버지의 울분을 풀어드리기 위해 싸우자! 싸우는 것 자체에, 그 과정에 큰 의미를 두자!는 생각이었다.— 이제는 지고 싶지 않은 싸움으로 바뀌었고, 이겨야 하고, 이기는 결과를 내야 하고, 이길 수 있다는 마음으로 싸움에 임하고 있다.

56

아 참, 낮에 대한법률구조공단에 문의한 내용에 대해 답이 달렸다는 알림이 와서 봤는데, 재판이 진행 중인 사안이라 답변을 할 수 없다는 헛소리가 답변으로 달려 있었다. 재판에 자료로 쓸 생각? 그런 건 전혀 없다고 명시하고, 그냥 일부 철거의 집행 가능성에 관한 법리와 판례가 알고 싶을 뿐이라고 궁금한 내용을 적시해서, 같은 내용으로 재질문의 글을 올렸다. 대한법률구조공단에서 이런 헛소리 답변을 할 때 어디에 민원을 넣어야 하는지 문의하는 내용을 추가해서.

답변일자

　　20XX-XX-XX

답변인

　　법률 구조

안녕하십니까. 대한법률구조공단 사이버상담을 이용해 주셔서 감사합니다.

우리 공단은 경제적으로 어렵거나 법을 모르기 때문에 법의 보호를 충분히 받지 못하는 사람들이 공평하게 법의 혜택을 받을 수 있도록 도와드리는 법률 분야의 사회복지기관입니다. 귀하의 질의에 대해 아래와 같이 회신하오니 참고하시기 바라며, 이 회신 내용은 귀하의 서신에 나타난 사실관계만을 근거로 한 조사담당변호사(공익법무관)개인의 법률적 의견에 불과함을 알려드립니다.

소송진행 상황 전체와 당시 재판장의 뉘앙스 등을 전혀 알지 못한 채 추측만으로 답변이 드리기는 어렵습니다.

민원사무처리지침 제2조 제1항 제3호에 의하면, 사법기관 또는 행정기관에서 처리 중에 있는 사건에 대하여 사법적 효과를 얻기 위하여 공단에 특정

한 행위를 요구하거나 처리기관의 내부적 판단 등이 필요한 사안에 대하여 공단에 특정한 행위를 요구하는 경우 민원인으로 볼 수 없게 되어 있습니다.

따라서 귀하의 사건에 대하여 답변을 드리기 어렵습니다. 관련서류를 구비하시고 인근 법률사무소나 법률구조공단을 방문하시어 상담을 받으시기를 권유합니다.

1. 위 답변은 귀하께서 제공해주신 사실관계에 기초한 답변자 개인의 법률적 의견으로서 이와 다른 의견이 있을 수도 있으므로 **참고자료로만 활용해주시고, 특히 위 답변을 증거자료로 쓰는 것은 부적절하므로 이 점 양해하여 주시기 바랍니다.**

2. 자세한 상담이나 법률구조를 원하시는 경우에는 법률구조공단 사무실을 방문하시어 법률상담을 받으시기 바랍니다.

건물 '일부 철거'의 '집행 가능성' 요건(과 효과) 다시 문의 드립니다.

제가 궁금한 건 건물 '일부 철거'의 '집행 가능성' 요건(과 효과)에 대한 법리가 있다면 법리가 무엇인지, 판례가 있다면 판례가 무엇인지 설명을 해주십사 하는 거였습니다

민원사무처리지침 제2조 제1항 제3호를 예로 드셨는데, 이렇게 법리와 판례를 설명해달라는 게 **어째서**

사법기관 또는 행정기관에서 처리 중에 있는 사건에 대하여 사법적 효과를 얻기 위하여 공단에 특정한 행위를 요구하는 건지
처리기관의 내부적 판단 등이 필요한 사안에 대하여 공단에 특정한 행위를 요구하는 경우로 보셨는지

전혀 이해가 가지 않습니다.

제 가족이 지금 이와 관련하여 재판이 진행 중이지만 법률구조공단의 답변을 재판에 '증거 자료'로 쓸 생각은 추호도 없음을 알려드립니다

아, 그리고 그동안 몇 번 법률구조공단에 질문을 드렸었는데, 그때마다

1. 위 답변은 귀하께서 제공해주신 사실관계에 기초한 답변자 개인의 법률적 의견으로서 이와 다른 의견이 있을 수도 있으므로 참고자료로만 활용해주시고, 특히 위 답변을 증거자료로 쓰는 것은 부적절하므로 이 점 양해하여 주시기 바랍니다.

라고 안내해주셔서 '증거자료'로 쓸 생각은 전혀 없었는데 말입니다.

무슨 사법적 효과를 얻을 생각 전혀 없고
무슨 특정한 행위를 요구한 바 전혀 없습니다.

건물 '일부 철거'의 '집행 가능성' 요건(과 효과)를 설명해주시면 됩니다.

p.s.
대한법률구조공단의 이런 헛소리 답변에 대한 민원은 어디다 넣는지도 답변을 주실 때 같이 답변 주시기 바랍니다

꾸벅

57

저녁 무렵에 대한법률구조공단에 재질문했던 내용의 답변이 왔다. 보통 일주일 이상 걸리던 답변이, 항의하며 다시 질문을 보내서인가, 이틀 만에 빨리 와서 조금 의외였고, 답변 내용은 그럭저럭 궁금증을 해소할 정도여서 만족스러웠다.

답변

답변일자

    20XX-XX-XX

답변인

    법률 구조

안녕하십니까. 대한법률구조공단 사이버상담을 이용해 주셔서 감사합니다.

귀하는 건물 일부 철거의 집행가능성 요건과 효과에 대해 문의한 것으로 보입니다.

이에 **건물철거 소송에서 일부 철거의 집행 가능성은 법률적인 문제라기보다는 판결 이후에 실제로 건물의 일부 철거가 건축적으로 가능한지, 즉 집행이 실제로 가능한지의 문제로 보입니다.**

가령 법원에서 건물 중 일부를 철거하라고 판결한다고 하더라도 판결 이후의 집행단계에서 건물의 구조상 일부 철거가 불가능할 수도 있습니다.

이에 재판부에서 건물의 일부 철거가 가능한지에 대한 소명을 요구한 부분은 일부 철거에 대한 기술적인 부분에 대한 것으로 추측됩니다. **건물 일부 철거의 집행가능성은 건축사 등 건축 관련 전문가가 판단할 수 있는 문제입니다.**

같은 사안은 아니나 철거와 관련된 판례에서 대법원은 2017다204247 건물 등철거 사건에서 '집합건물 대지의 소유자는 대지사용권을 갖지 아니한 구분소유자에 대하여 전유부분의 철거를 구할 수 있고, 일부 전유부분만의 철거가 사실상 불가능하다고 하더라도 이는 집행개시의 장애요건에 불과할 뿐이어서 대지 소유자의 건물 철거 청구가 권리남용에 해당한다고 볼 수 없다(대법원 2011. 9. 8. 선고 2010다18447 판결 참조)'라고 판시한 바 있으니 참고하시기 바랍니다.

귀하의 p.s. 부분은 탄원성 민원으로 법률상담이 아니므로 답변이 어렵습니다.

1. 위 답변은 귀하께서 제공해주신 사실관계에 기초한 답변자 개인의 법률적 의견으로서 이와 다른 의견이 있을 수도 있으므로 참고자료로만 활용해주시고, 특히 위 답변을 증거자료로 쓰는 것은 부적절하므로 이 점 양해하여 주시기 바랍니다.

2. 자세한 상담이나 법률구조를 원하시는 경우에는 법률구조공단 사무실을 방문하시어 법률상담을 받으시기 바랍니다.

☎ 054-810-0132

58

<법원에 바란다>에 판례 실명화와 관련하여 재문의했던 거에 답변 메일이 왔다. 친절히 관련 부서 전화번호도 알려주시고, 판례 검색 시스템에 판례가 등재되는 기준, 판례 변경 판례가 등재될 때 하급심 판례의 동반 등재 여부도 잘 설명해주셨다.

안녕하십니까.

귀하께서 '법원에 바란다' 게시판에 올려주신 문의사항에 대해 답변 드립니다.

20XX. X. X.자로 게시판에 올려주신 문의사항(판례 검색 시스템에서 개인의 실명이 나오는 건 추가 의문사항입니다)도 함께 답변드립니다.

귀하의 문의 요지는 **종합법률정보시스템에 등록하는 판례의 기준과 등록된 판례의 비실명화 처리**에 대한 것으로 판단됩니다.

대법원 종합법률정보(glaw.scourt.go.kr)에 게재되어 검색되는 판결문은 판례공보/각급법원(제1,2심) 판결공보 등에 실린 판결 및 참고판례로서 의미 있는 판결을 대상으로 하고, 종합법률정보에 게재하기 위해서는 **법원도서관에서의 선정 과정과 개인정보 보호를 위한 비실명화 작업을 거치게 됩니다.**

또한 **판례공보에 실린 대법원 판결의 해당 하급심**(제1,2심) **판결에 대하여도 비실명화 작업을 마친 후 종합법률정보에 게재하고 있습니다.**

법원도서관은 종합법률정보에 게재된 판결문의 비실명 여부를 지속적으로 확인하고 있고, 간혹 누락된 부분에 대한 비실명화 요청이 있으면 즉시 이를 반영하고 있습니다.

추후 **누락된 부분이 있을 경우 법원도서관 자료편찬과**(비실명화 담당자,

59

아침에 어머니랑 통화하는데 이달 말에 나올 항소심 결과가 어찌 될지 조바심이 나는 목소리로 "걱정 안 해도 되지?" "걱정 안 해도 되지?"를 또 여러 차례 아들에게 물어보셨다. 잔뜩 걱정이 담긴 목소리로. 이 민사 소송을 길게 끌고 있는 장본인으로서 이런 어머니를 뵐 때마다 마음이 무거워진다. 적당히 타협해서 소송을 빨리 끝냈어야 했나, 어머니 아버지께 심려를 끼쳐드리는 짓을 너무 오래 하고 있는 건 아닌가? 싸워야 할 당위(當爲)는 뚜렷하지만, 그렇게 싸우기로 결정한 이상 싸우는 과정에서 흘리는 피눈물, 마음의 상처가 감당해야 할 몫으로 남는다. 어머니 아버지께 자식으로서 효도하기 위해 뛰어든 이 소송이라는 전쟁에서 아들은 역설적(逆說的)으로 부모님께 또 하나의 불효를 저지르고 있다는 자책감과 죄책감이 옥조이는 공기가 되어 마음을 짓누른다.

60

소송과 관련해서 오늘도 어머니의 조바심 나는 목소리를 들었다. 작년부터 지금까지 수십 번, 수백 번, 수천 번 들었던 말:

"엄마, 걱정 안 해도 되지?"

그런 걱정을 하시는 어머니가 더 걱정스러운 아들로서, 항소심 재판 때 원고가 재판장에게 혼난 얘기를 다시 들려드리며 어머니의 마음을 안심시켜 드리기 위해 노력했다.

61

학교 폭력의 피해를 호소해 오던 분이 극단적 선택을 하셨다는 안타까운 소식이 들려왔다. 학폭, 학교 '폭력' ⋯ 누군가의 깡패 짓으로 인하여 다친 누군가의 마음, 누군가의 억울함을 풀어줄 누군가는 누구인가? 누가 '정의'의 이름으로 그런 깡패 짓을, 폭력을 막아야 하는가? 그건 바로 국가 아닌가? 국가가 해야 할 일 아닌가? 여기서 나의 사고는 나의 에세이로 흘러간다. **폭력을 막아야 할 국가가, 법조계가, 법의 이름으로 폭력을 자행하는 현실. 선량한 국민이 토지와 건물을 빼앗기는 것을 방관하고 용인하고 조장하겠다는 현실. 그**

현실을 고발하고, 그런 국가의 폭력을 막아야 한다는 목소리를 낸다. 정의의 이름으로, 이 에세이를 통해서.

62

　요즈음 또 배은망덕 어쩌고저쩌고하는 아이돌 건으로 시끌시끌하다. 보다 보니 기분이 좀 그렇다. 수십 억 수백 억 어쩌고저쩌고하는 판이라 아이돌의 법정 다툼에 세간의 이목이 집중되는 현실이 유감스럽다. 비단 우리뿐만 아니라 이 세상에는 저딴 아이돌의 더러운 소송질보다 훨씬 더 억울한 일로 소송 사건에 휘말려 있을 사람들이 훨씬 더 많이 존재할 텐데, 매스컴(mass communication)이란 곳에서는 저런 연예인들의 기사만 큼지막하게 연일 보도하고 있는 현실에, 그러한 언론의 행태에 살짝 회의감이 느껴지는 요즈음이다.

　같은 대한민국이라는 국가에서, 저 시골 변두리에서, 15평 땅을 갖겠다고 그곳에서 평생 살아오신 어르신들을 상대로 법정 다툼을 벌이는 추잡한 자들에게도 "야 이 세상 사람들아 눈길이나 한번 주고 가시라!"고 외치고 싶다.

제 4 부

상고장과 상고심 준비서면

63

민사소송 불복절차에 대해 인터넷에 나온 안내문을 보며 상고문을 정리하는 중이다. 안내문에는 상고장의 제출 시기(판결이 송달된 날로부터 2주일 내에 원심법원, 즉 항소심법원에 제출), **상고장에 기재할 사항**(상고인과 피상고인의 이름 및 주소, 항소심판결의 표시—법원명, 사건번호, 사건명, 선고일자, 주문 등—와 상고취지, 상고이유), **인지액**(상고장에 첨부할 인지액은 제1심 소장에 첨부할 인지액의 2배액)**이나 송달료**(당사자수×1회분 우편료 5,200원×8회분) **납부 등이 친절히 적혀 있었다.**

그동안 써놓은 글들이 파편처럼 여기저기 흩어져 있는 상황인데, 보다 보니 중복된 내용들이 —생각나는 내용들을 그때그때 적다보니 시간의 텀 term을 두고 같은 내용이 모양을 달리하여 반복적으로 떠올랐었다.— 있어서, 같은 주제이거나 중복된 내용들을 모으는 작업을 한다.

상고심 주제들을 큼직큼직하게 나눴더니, 정의란? 선의 악의, 제3자, 미꾸라지론, 이웃 공동체, 조정, 사자성어 인용, 민법 조문별, 대항력, 인간의 권리, 선(線), 반사회, 법리란? 등등이 나왔다. 여기서도 겹치는 것들이 있어 주제를 더 줄일 수도 있을 것 같았다. 인터넷에서 민사소송 양식도 받았다. 상고장, 상고이유서, 상고취하서가 상고 서식으로 나와 있었다. 그런데 상고이유는 상고장에 기입하면 되고, 상고취하는 할 일이 없으니, 상고장 서식만 활용하면 될 것 같다. 안내문에 상고장과 별도로 상고이유서를 제출할 때는 소송기록접수의 통지를 받은 날로부터 20일 이내에 제출하지 않으면 상고를 기각한다는 주의 사항이 있었는데, 이렇게 하면 이 20일이라는 기간 제한의 굴레에서도 벗어날 수 있다. 상고 절차에 관해 나온 설명들을 보니 민사소송법과 상고심

절차에 관한 특례법의 근거 조문들이 보여 이것들도 찾아보면서 본격적으로 상고장을 작성하기 위해 시동을 건다.

64

2심에서 항소 취지를 통상적인 격식—그런 격식 자체를 몰랐었기 때문에—에 맞게 쓰지 않아서 보정명령을 받은 경험이 있어서, 같은 실수를 반복하지 않기 위해 상고 취지에도 항소 취지와 마찬가지로 어떤 형식이 있나? 항소 취지 문구를 그대로 써도 되나? 하고 인터넷을 둘러보았다. 그랬더니 상고 취지의 예시로 '~부분을 파기하고, 이 부분 사건을 ○○법원으로 환송한다.'는 문구가 보였다. 아, 2심 때와는 표현이 다르구나, 깨닫는다. 이 예시에 따라 상고 취지는 적어야지.

65

본격적으로 상고 이유를 기재하기 전에 나는, 아버지와 일체가 된 나는, 대법원에 상고할 자격이 있는가? 법률적 근거를 일단 마련하면

민사소송법 제422조(상고의 대상) ①상고는 고등법원이 선고한 종국판결과 지방법원 합의부가 제2심으로서 선고한 종국판결에 대하여 할 수 있

다,

그렇지. 지금 '지방법원 합의부가 제2심으로서 선고한 종국판결'에 대해 다투고 있지. 자, 다음으로 내게 맞는 상고이유를 찾아보기 위해 다음 조문으로 넘어가면

민사소송법 제423조(상고이유) 상고는 판결에 영향을 미친 헌법 · 법률 · 명령 또는 규칙의 위반이 있다는 것을 이유로 드는 때에만 할 수 있다.

민사소송법 제424조(절대적 상고이유) ①판결에 다음 각호 가운데 어느 하나의 사유가 있는 때에는 상고에 정당한 이유가 있는 것으로 한다.
  1. 법률에 따라 판결법원을 구성하지 아니한 때
  2. 법률에 따라 판결에 관여할 수 없는 판사가 판결에 관여한 때
  3. 전속관할에 관한 규정에 어긋난 때
  4. 법정대리권 · 소송대리권 또는 대리인의 소송행위에 대한 특별한 권한의 수여에 흠이 있는 때
  5. 변론을 공개하는 규정에 어긋난 때
  6. 판결의 이유를 밝히지 아니하거나 이유에 모순이 있는 때

라고 말들이 나오는데, 이 말들만 놓고 보면 좀 애매했다. 내가 근거로 삼을 만한 문구로 뭐가 있을까? '헌법·법률·명령·규칙의 위반이 있다는 것을 이유'로 든다는 말—이 말은 사실관계에 대한 당부는 판단할 수가 없다는 뜻이라고 한다.—이나, '판결의 이유에 모순이 있는 때'란 말이 눈에 들어오긴 하는데, 이게 맞나? 좀 애매모호했다. 앞의 건 너무 일반론적인 근거로 보이기도 하고, 뒤의 건 나도 '모순'—정의로운 판결을 내려야 할 지위에 있는 자들이 정의

롭지 못한 판결을 내리고 있다!—을 주장하긴 할 건데, 이 '모순'이 그 '모순'인
가? 고개를 갸우뚱했다.

그런데 상고에 관해서는 상고심절차에 관한 특례법에 있었고, 여기에는 다
음과 같이

상고심절차에 관한 특례법 제4조 (심리의 불속행) ① 대법원은 상고이유
에 관한 주장이 다음 각 호의 어느 하나의 사유를 포함하지 아니한다고
인정하면 더 나아가 심리(審理)를 하지 아니하고 판결로 상고를 기각(棄
却)한다.

1. 원심판결(原審判決)이 헌법에 위반되거나, 헌법을 부당하게 해석한 경우
2. 원심판결이 명령·규칙 또는 처분의 법률위반 여부에 대하여 부당
   하게 판단한 경우
3. 원심판결이 법률·명령·규칙 또는 처분에 대하여 대법원 판례와
   상반되게 해석한 경우
4. **법률·명령·규칙 또는 처분에 대한 해석에 관하여** 대법원 판례가
   없거나 **대법원 판례를 변경할 필요가 있는 경우**
5. 제1호부터 제4호까지의 규정 외에 중대한 법령위반에 관한 사항이
   있는 경우

② 상고이유에 관한 주장이 제1항 각 호의 사유(가압류 및 가처분에 관한
판결의 경우에는 제1항제1호부터 제3호까지에 규정된 사유)를 **포함하는**
경우에도 다음 각 호의 어느 하나에 해당할 때에는 제1항의 예에 따
른다.

1. 그 주장 자체로 보아 이유가 없는 때
2. 원심판결과 관계가 없거나 원심판결에 영향을 미치지 아니하는 때

내가 주장하고자 하는 '대법원 판례를 변경할 필요가 있는 경우'가 명기되

어 있어, 어기서 내가 상고를 할 수 있는 법률적 근거가 마련되었다. (법률 조문이 '다음 각 호의 어느 하나의 사유를 포함하지 **아니한다**고 인정하면 더 나아가 심리(審理)를 하지 **아니하고** 판결로 상고를 기각(棄却)한다.'라고 하여 이중 부정어를 넣어 말을 좀 꼬아 놓았는데, 이 말은 심리를 속행할 사유로 위의 각 호의 어느 하나의 사유를 포함하라는 뜻이다.)

66

(항소장을 작성했을 때도 그렇게 했듯이) **민법 조문별로 나눠서**

1. 취득시효, 반사회 조항을 근거로는 소유권을 주장하고,

2. 권리남용 조항을 근거로는 사용권을 주장하는 방향으로 큰 틀을 잡는다.

제3자가 선의든 악의든 보호할 필요가 없다는 주장을 피력한다. 제3자의 실체가 '무뢰배'라는 사실을 근거로. (제3자 측 선의는, 실상 악의가 개재되어 있는 선의인 것이다, 악랄한 악의다 라고 처음에는 말하려고 했으나, 판례가 시효취득에서 딱히 선의와 악의를 구분하는 것 같지는 않아서 이 말은 안 하는 게 낫겠다 싶다.)

1심 때 답변서를 쓸 때도 감정적인 발설들을 최대한 이성적인 표현으로 정제하는 과정을 거쳤는데, 그러한 순화 과정을 한 번 더 거쳐 메모했던 문장들을 여과한다. 사실, 시간이 흐르면서 차분한 이성이 많이 돌아오기도 했고 말이다. (그리하여 답변서를 쓸 때는 그럭저럭 최대한 '이성적인 표현'을 썼는데, 마지막 준비서면을 쓸 때는 오히려 '자극적인 표현'을 과감하게 구사하였다. 진짜 벼랑 끝에서 최후

의 항변을 해야하는 상황이라 어쩔 수 없었다.)

67

상고장

상고인(원,피고)　성명:

주소:

연락 가능한 전화번호:

피상고인(원,피고) 성명:

주소:

　　위 당사자 사이의 귀원 20　　나　　　토지인도 사건에 관하여 원(피)고는 귀원
이 20　．　．　．선고한 판결에 대하여 20　．　．　．송달받고 이에 불복하므
로 상고를 제기합니다. (이 상고장은 아들 ○○○에 의해 작성되었음을 밝힙니다.)

제2심판결의 표시
상고취지

[피고 : 패소부분 전부 상고]

1. 원심판결 중 피고 패소부분을 파기하고, 이 부분 사건을 OO지방법원으로 환송한다.

2. 소송총비용은 원고가 부담한다.

상고이유

1. **민법** 제245조 취득시효**에 대한 해석에 관하여 대법원 판례를 변경할 필요가 있는 경우입니다.**

취득시효 완성자가 그 취득 부동산에 대하여 경계 측량을 했을 때 자로 정확히 딱 잰 듯이 취득시효를 완성하는 경우가 얼마나 되겠습니까? **어느 정도 '사소한 불일치'는 당연히 생길 수 있고, 생기고 있다고 상정하는 것이 합리적 이성으로 판단했을 때 '상식적'이지 않겠습니까?** 15평 정도의 불일치는 그러한 '사소한 불일치'의 영역입니다. **이러한 불일치를 부정하는 것은 민법 제245조 취득시효의 입법 취지를 몰각하는 짓입니다.**

부동산 등기에 근간을 둔 민사법 체계에서 1평이라도 소유권을 존중해주는 것이 원칙인 것은 맞습니다. 그러나 민법에 명문으로 규정된 취득시효와 관련된 사안에서는, 이와 같이 **현실적으로 토지와 건물에 거주한 시효취득자의 상황을 고려해서,** '사소한 불일치'가 발생했을 때 그러한 원칙에 **예외를 두는 것이 합당합니다.**

취득시효 제도 자체가 사실관계에 기반하여 '등기에 기반한 권리관계'에 예외를 인정하는 제도입니다. 이렇게 예외가 허용되어야 할 취득시효에, 판례가 제3자에 대한 대항력 미비를 이유로, 예외에 다시 예외를 설정하는 것은 옳지 않습니다.

피고가 살고 있는 소외 지역에서 —소외 지역이 아니더라도 마찬가지입니다.— 평생 살아온 사람들이, 이 땅의 어른들이, 당신들의 토지 경계를 자로 잰 듯 정확히 땅을 나누어 살았다고 가정하는 것 자체가 너무 몰상식한 판단이고, 그렇게 정확해야 한다고 법규범을 해석하는 것은 지나치게 가혹한 처사입니다. 과거에 사셨던 분들의 등기가 어느 정도 부정확하리라는 건 건전한 상식을 가진 사람이라면 누구나 예견 가능합니다. 이러한 사실을 무시하는 기존 판례는 구체적 타당성 면에서 합리적 의심을 불러일으킵니다.

그렇다면 제3자에게 너무 불리하고 부당한 것 아니냐? 란 의문이 있을 수 있습니다만, '제3자의 실체'를 파악하면 이 의문은 해소될 수 있습니다. (피고 측이 처음 답변서를 제출했을 때는 원고 측이 '투기' 목적으로 해당 토지를 매입했다고 생각했었으나, 그 후에 원고 측 친부모님께서 해당 토지에서 생활하시는 모습이 종종 목격되었습니다. 사실관계 파악에 있어서 오해가 있었던 점을 말씀드리고 이러한 사실관계에 근거하여 주장을 이어가도록 하겠습니다.)

결론적으로 이 '제3자가 제3자적 지위에 있는가?' 매우 의문스럽습니다. 이 제3자는 제3자가 아닙니다! '이웃' 관계의 '당사자'입니다. 제3자를 보호하는 해석을 하는 기존의 판결례는 법원이 이웃 관계(공동체) 파괴의 주범 노릇을 하는 어처구니없는 해석입니다.

물론, 이 제3자가 엄밀한 의미로 계약 등 '권리의무 관계의 당사자'는 아닌 것은 맞습니다. 그러나 바로 옆집에 이사를 온 '생활 공동체'의 일원으로 '이웃 관계의 당사자'입니다. 이웃이란 자가 한평생 그곳에서 생활하신 분들을 상대로 '땅 내놓아라, 집 부수어라'라며 이따위 소송을 걸고 있는 형국입니다. 이런 짓을 우리 민법의 권리로 보호해서는 아니됩니다. 유동 인구가 많은 현대 사회의 특성을 감안한다 하더라도 이런 자를 보호해서는 아니됩니다. **이 제3자는 '권리 위에 잠자는 자'에 준하여, '권리 위에 잠을 재워야 할 자'입니다. 시효취득완성자가 취득시효로써 대항할 수 있는 제3자에 포함되는 제3자이어야 합니다.** 그리고 그러한 **당위성의 근거는 바로 바람직한 이웃 관계의 정립, 즉 '공동체의 존속'입니다.**

2. (민법 제245조 취득시효와 관련하여) **민법** 제103조 반사회질서의 법률행위 **에 대한 해석에 관하여 대법원 판례를 변경할 필요가 있는 경우입니다.**

"늙은이들아, 어딜 선을 넘어와?
너희들이 여기서 평생 살든 말든 그건 나랑 아무 상관도 없는 일이야.
어서 평생 살았건 뭐건 간에 살던 건물 다 부수고, 살던 토지 내놓고
선 밖으로 꺼져라!"

원고 측의 주장이 고상한 언어의 형식으로 미화되어 저급한 실질적 내용이 간과되는 것 같아서, 원고 측의 주장이 실질적으로 얼마나 불법성을 내포하는지 알기 쉽게 증명하기 위해서 부득이 세속적 언어로 번역해서 말씀드렸습니다. 이 주장 자체만으로 원고 측이 얼마나 '반사회적인 법률행위'를 하고 있는지 충분히 증명이 되었다고 판단됩니다.

바로 옆집 이웃이 함께 어울려 살아가야 할 '사람'이 아니라, 그저 침범 운운하는 적대자에 불과한 사회 분위기가 조성된 것으로 보입니다.
이런 분위기에서 공존이 가능하겠습니까?
이게 공동체입니까?
이게 이웃입니까?

이런 게 이웃이란 자가 할 짓입니까?

대한민국에 '이웃'이란 개념이 존재하기나 합니까?

사회가 왜 이렇게 각박해졌습니까?

이게 다 누구 탓입니까?

법조계에서 무뇌아나 할 법한, 무뢰배 수준의 등기 만능주의식 법률 해석으로, 선 긋기에 급급해서, 대한민국 사회 공동체를 망쳐놓은 것 아닙니까?

법조계에 계시다는 분들이 파멸적 공동체를 야기하고, 공동체 파괴에 앞장서서 솔선수범을 하십니까? 공동체 질서를 수호하셔야 할 분들이, 무뢰배를 처단해야 할 지위에 계신 분들이 —무뢰배에 불과한 원고 측의 주장을 용인하며— 무뢰배 노릇을 하고 계시면 어쩌란 말씀입니까?

원고 측의 '선'을 넘었다는 주장은 우리 법공동체가 용인할 수 없고 용인해서도 안 되는 '**더 큰 선**'을 **침범하는 야만적인 주장**으로 배척되어야 마땅합니다. 원고 측이 주장하는 내용은 반사회적인 법률행위이므로 권리로 인정되어서는 아니 되어야 마땅합니다.

3. (민법 제245조 취득시효와 관련하여) **민법** 제2조 제②항 권리남용에 **대한 해석에 관하여 대법원 판례를 변경할 필요가 있는 경우입니다.**

원고 측의 비인간적인 소송행위는 이웃 공동체가 파괴된 극단적 단면을 보여주는 사례입니다. 재판관님들께서는 인간과 인간 사이의 유대감이 박살난 현장을 보고 계십니다.

이웃 간의 관계는 '도덕'의 문제일 뿐이다, '법'이 관여할 사항이 아니다 라고 하기에는 이미 법이 도덕의 파괴, 공동체의 파괴에 너무 깊숙이 관여하고 있습니다. 토지를 인도하라는 주장은 토지의 인도만을 주장하는 소리가 아닙니다. 건물을 철거하리는 주장은 건물의 철거만을 주장하는 소리가 아닙니다. **원고 측의 이러한 주장들은 이웃 관계를 파괴하겠다는 주장이고, 공동체를 멸망시키겠다는 주장입니다.**

도대체 피고 측이 무슨 죄를 지었다고 한평생 살던 삶의 터전이 뜬금없이 한순간에 박살이 나야 합니까? 그저 온전히 내 땅에 대해 등기 절차를 마쳤고, 그 등기를 믿고 살아왔을 따름입니다. 그 등기의 정확성에 불과 15평에 불과한 오류가 있다는 이유로 한평생 삶던 삶의 터전을 박탈당해야 합니까?

이건 있을 수 없는 일입니다. **이건 더 이상 도덕의 문제로 치부되어 법이 외면할 사안이 아닙니다.** 정의로운 판결례로써 피고 측의 권리를 보호해주시기를 앙망하는 바이옵니다. **설사 원고 측이 주장하는 그러한 권리가 있다 하더라도 그 권리 행사는 민법 제2조 제②항 권리남용이므로 제한되어야 하고 해당 토지에 대한 피고 측의 '사용권'은 보장되어야 마땅합니다.** 이와 해석을 달리하는 기존 판례의 해석을 변경하여주시기를 바랍니다.

이상입니다.

첨부서류

1. 납부서
2. 상고장 부본

20 .   .   .

상고인(원,피고)   서명 또는 날인

휴대전화를 통한 정보수신 신청

　위 사건에 관한 재판기일의 지정·변경·취소, 종국결과 및 문건접수 사실(민사본안만 해당)을 예납의무자가 납부한 송달료 잔액 범위 내에서 아래 휴대전화를 통하여 알려주실 것을 신청합니다.

▣ **휴대전화번호:**

20 ． ． ．

신청인　상고인　　　　　서명 또는 날인

※ <u>종이기록사건</u>에서 위에서 신청한 정보가 법원재판사무시스템에 입력되는 당일 문자메시지로 발송됩니다(전자기록사건은 전자소송홈페이지에서 전자소송 동의 후 알림서비스를 신청할 수 있음).

※ 문자메시지 서비스 이용 금액은 메시지 1건당 17원씩 납부된 송달료에서 지급됩니다(송달료가 부족하면 문자메시지가 발송되지 않습니다).

※ 추후 서비스 대상 정보, 이용 금액 등이 변동될 수 있습니다.

※ 휴대전화를 통한 문자메시지는 <u>원칙적으로 법적인 효력이 없으니</u> 참고자료로만 활용하시기 바랍니다.

법원 귀중

◇ 유의 사항 ◇

1. 연락 가능한 전화번호에는 언제든지 연락 가능한 전화번호나 휴대전화번호를 기재하고, 그 밖에 팩스번호, 이메일 주소 등이 있으면 함께 기재하기 바랍니다.

2. 신청인 또는 작성자란에 원고의 경우에는 '원'에, 피고의 경우에는 '(피)'에 ○표를 하십시오.

3. 이 신청서를 접수할 때에는 당사자 1인당 8회분의 송달료를 송달료 수납은행에 예납하여야 합니다.

4. 상고장에 상고이유를 적지 않았을 때에 상고인은 대법원으로부터 소송기록접수통지를 받은 날부터 20일 안에 상고이유서 1통과 그 부본(상대방수+6통)을 대법원에 제출하여야 하고, 만

68

자, 이제 대법원에서의 변론기일을 준비하는 서면을 작성해 볼까? 그동안 마음속으로 수도 없이 외쳤던 말들을 다 토해내보자, 아니 여과해서 토로해보자.

야 이 미친 놈들아! 이게 정의냐? 란 생각을 진짜 많이 했다. 아, 여기서 '놈' 은 욕이 아님. 영어 'norm'을 의미함. 이 '놈'의 뜻은 '규범'이란 명사임.

준비서면의 핵심은 '미꾸라지론'이다. 법조계라는 곳이 사회 공동체를 흐리는 '미꾸라지' 노릇을 하고 있다! 이건 정말 한심한 작태다! 라고 소리높여 외치려 한다. 불량교생의 주장이 타당한지, 설득력이 있는지는 독자 여러분들께서 냉정하게 판단해주시기를 바라며.

69

준비서면

사건번호 20 다	[담당재판부: 제 (단독)부]
원 고:	
피 고:	

위 당사자 사이의 위 사건에 관하여 피고는 다음과 같이 변론을 준비합니다.

다 음

1. 법리란 무엇인가

법리란 법의 논리, 즉 논리입니다. 제 주장이 그간 법조계에서 통용되는 논리와는 다른 논리일 수 있지만, 이 또한 논리입니다. 단지 기존 논리와 다르다는 논리로 제 주장을 배척하진 말아주시기를 앙망하옵니다. (이런 덜떨어진 행태는 1심 판사 ○○○만으로 충분하다고 봅니다.) 합리적 이성에 따라 제 논리의 근거가 타당한지, 설득력이 있는지를 보아주셔야 하고, 제 주장대로 기존 법리, 즉 기존 논리가 부당하고 터무니없다면 (열린 마음으로) 기존 논리를 수정하거나 폐기하여 주시기를 앙망하옵니다.

2. 정의란 무엇인가

민사법 체계가 등기부와 토지대장, 지적법 등 면적 계산을 토대로 이루어진 것을 부정할 사람은 없습니다. 그러나 법률적 정의는 수학적 정의와는 차원이 다른 정의입니다.

정의로운 법공동체를 구현한다는 대전제를 망각하고,
산술적 정의를 절대시하며 법률을 해석하는
대법관 ○○○, 대법관 ○○○, 대법관 ○○○, 대법관 ○○○, 대법관 ○○○,
대법관 ○○○, 대법관 ○○○, 대법관 ○○○, 대법관 ○○○, 대법관 ○○○,
대법관 ○○○, 대법관 ○○○, 대법관 ○○○은
당장 법복을 벗고 보습학원으로 가서서 학생들에게 넓이 계산 문제를
가르치시기를 앙망하는 바이옵니다.

3. 반사회질서 행위

"늙은이들아, 어딜 선을 넘어와?
너희들이 여기서 평생 살든 말든 그건 나랑 아무 상관도 없는 일이야.
어서 평생 살았건 뭐건 간에 살던 건물 다 부수고, 살던 토지 내놓고
선 밖으로 꺼져라!"

원고 측이 하는 짓은 그저 '망나니짓'에 불과하고 그 자체로 선량한 풍속 기타 사회질서에 위반되는 반사회질서 행위임은 이렇게 실질적인 내용을 파악하면 명약관화(明若觀火)합니다.
이런 원고 측의 주장을
정의롭다고 판단하고, 양심에 우러러 한 점 부끄러움이 없이

그러한 권리가 존재한다고 생각한다면,

대법관 ○○○, 대법관 ○○○, 대법관 ○○○, 대법관 ○○○, 대법관 ○○○,

대법관 ○○○, 대법관 ○○○, 대법관 ○○○, 대법관 ○○○, 대법관 ○○○,

대법관 ○○○, 대법관 ○○○, 대법관 ○○○은

당장 법복을 벗고 정신병원에 가셔서 정밀 진단을 받으신 후

환자복으로 환복하시기를 앙망하는 바이옵니다.

이는 정말 심각한 상황이라 여겨집니다.

4. 이웃 공동체를 파괴하는 주범은 누구인가

현재 대한민국의 법질서는 권리 행사라는 미명 하에 공동체 파괴의 질서가 확립된 것으로 보입니다. 공동체를 파괴하는 법질서가 유지되고 있습니다. 이렇게 이웃 간의 관계가 파탄이 난 사회 분위기를 조장한 건, 이익 집단으로 전락하여 무분별하게 소송 행위를 하고 있는 변호사들과 법무법인들이 큰 몫을 차지하고 있습니다. 설상가상으로 법복을 입은 자들까지 **무뢰배 수준으로 법률을 해석하고 있다**는 합리적 의심이 듭니다.

그간 탁상에서 그저 '선 긋기'에 여념이 없으셨던 것 아닙니까? 그사이에 인간다운 인간이 살아갈 공동체는 와해되고, 이렇게 비인간적, 몰인간적 질서를 유지하는 과정 속에서 언제 어디서 흉악 범죄가 일어나도 전혀 이상하지 않을 사회 분위기가, 아주 참혹한 결과가 조성된 것 아닙니까? **그간 도덕은 내 알 바 아니라는 법조계의 오만과 독선이 이웃 간의 관계를 파괴하고 이웃 간에 흉흉한 범죄가 비일비재한 사회 분위기를 조장한 것 아닙니까? 법복을 입은 자들이 '사회악의 원흉' 노릇을 하고 있는 게 아니냔 말씀입니다!**

원고 측의 주장을 옹호하는

대법관 ○○○, 대법관 ○○○, 대법관 ○○○, 대법관 ○○○, 대법관 ○○○,

대법관 ○○○, 대법관 ○○○, 대법관 ○○○, 대법관 ○○○, 대법관 ○○○,

대법관 ○○○, 대법관 ○○○, 대법관 ○○○은

이런 흉악한 사회 분위기를 방조해온 죄에 대한 책임을 물어

스스로 형량을 구형하여

당장 법복을 벗고 수형복으로 갈아입으시기를 앙망하는 바이옵니다.

정의의 수호 공간이 되어야 할 법조계가

이웃 간 공동체 질서를 파괴하는 주범으로서

'사회악의 온상'으로 기능하는 행태는

결코 가벼운 형량으로 처단되어서는 아니될 것입니다.

최소한 무기징역 이상의 극형을 선고해주셔야 할 것으로 보입니다.

5. 조정 회부의 부당성

대법원까지 오기 전까지 그간 세 번이나 담당 판사분들이 이 사건을 조정으로 해결하려 하셨습니다. 그분들의 근시안적 안목에 아쉬움을 표합니다. 이는 어쩌면 그릇된 판결례를 조정으로 무마하려는 시도로까지 비춰집니다. **이는 명백한 본말전도(本末顚倒)입니다. 조정은 미봉책(彌縫策)에 불과합니다. 바람직한 공동체의 정의 구현을 위한 판결례 확립이 근본적인 대안입니다.** 잔학무도한 원고 측의 청구를 배척하는 사전적 판결례를 확립하셔서 (이와 유사한 사건들에서) 시간과 인력과 혈세가 낭비되는 조정 절차가 다시는 행해지지 않기를 앙망하는 바이옵니다.

6. 일부철거의 부당성

1심 판사 ○○○나 2심 판사 ○○○, ○○○, ○○○ 모두 판결문에 명시적

으로 '건물 일부 철거의 가능성'을 인정하는 내용을 담았습니다. 저, 진짜 외람된 말씀일지도 모르겠는데, 판단을 너무 '편리하게' 하고들 계신 거 아닙니까? 어? 건물이 선을 조금 넘었네? 야, 건물에서 선을 넘은 부분만큼 부숴라! 라니 …… 아니, **건물이 무슨 '조립식 장난감'입니까?** 장난 하세요? 판단을 업으로 하는 자들의 판단 능력이 의심스럽고 해석을 업으로 삼는 자들의 해석 능력이 아쉽습니다. 이런 식으로 판결할 수 있다니, 그냥 '무뇌아'에게 법복을 입혀 놓고 판결문을 쓰도록 해도 되겠구나 라는 생각까지 듭니다.

원고 측의 '건물 철거' 청구는 비인륜적, 반인륜적인 폭력 그 이상도 그 이하도 아닙니다. 인간으로서 기본적인 양심과 인간으로서 선량한 정의 관념이 있다면 쉽게 아실 수 있으실 겁니다. 이런 '건물 철거' 청구는 '일부'라도 절대 용납되어서는 아니됩니다. '건물 일부 철거'를 용인하는 무뇌아 수준의 판결례 관행도 당장 철폐하시기를 앙망하는 바이옵니다.

7. 인간의 권리란 무엇인가

권리를 논할 때 '인간'을 전제로 하여야 합니다. '인간'이 되지 못한 자들이 '권리'를 운운하는 것은 어불성설(語不成說)입니다. 우리는 원고의 청구에서 인간성이 상실되었다는 사실을 인지할 수 있습니다. 이런 비인간적인 원고의 청구를 받아들인다는 것은 법조계가 비인간화를 조장하겠다는 말밖에 되지 않습니다. 권리는 '인간'에게만 인정해주시기를 바라는 바이옵니다. **인간이 되지 못한 자들에게 '인간'으로서 누려야 할 '권리'가 부여되서는 아니될 것입니다.**

이미 인간성이 말살된 세상, 인간다운 인간이 사라진 세상에 우리는 살고 있는지도 모르겠습니다. 지금이라도 늦지는 않았다고 생각합니다. **인간성의 회복을 위해 노력하는 모습이 담긴 판결례를 확립해주시기를 바라옵니다.** 지금 비인간화가 심화되는 악순환의 흐름이 바뀌어야 합니다. 그 흐름을 바꾸는 첫 단추를

꿰매주시기를 앙망하는 바이옵니다. 비인간적 파괴의 질서에 급제동을 건 판결
례의 확립이 매우 시급합니다.

8. 정의로운 법치주의를 위하여

법대로라는 미명 하에 거리낌없이 만행을 저지르는 '인성 쓰레기'를 우리는 '미꾸라지'라고 부를 수 있습니다. 법조계에 이런 미꾸라지들이 한두 마리가 아닌 것으로 보입니다. **법조계라는 곳이 미꾸라지들이 득실득실대는 '추어탕' 수준으로까지 전락한 게 아닌가?** 라는 합리적 의심까지 들기 시작했습니다. 사회의 정의를 구현해야 할 법조계가 사회의 정의를 파괴하는 형국입니다. 이런 미꾸라지들의 활보를 방치한다면 법조인들이 내거는 '정의'란 구호는 그저 위선(僞善)에 불과할 것입니다.

현재 대한민국은 심각한 공동체의 위기 상황에 놓여 있습니다. 이웃 간의 관계는 완전히 파괴되어서 언제 어디서 이웃에 의해 '칼부림'이 나도 이상하지 않을 사회 분위기가 되어버렸습니다. **어떻게 하면 날로 흉포해지는 범죄 경향에 제동을 가하고, 이웃 간에 발생하는 흉악 범죄의 빈도수를 줄이는데 이바지하는 판결례를 낼 수 있을까? 고민해주시기를 앙망하는 바이옵니다.**

지금 법조계에 계신 분들이 보여주는 행태는 사회악을 척결하셔야 할 지위에 계신 분들이 사회악을 조장하고 장려하고 있는 꼴로밖에 비춰지지 않습니다. 무뢰배를 엄단하셔야 할 분들이 솔선수범해서 무뢰배 짓거리를 하고 계셔셔야 되겠습니까? **'제정신'이십니까?**

원고의 이런 잔혹한 짓을 권리 행사라는 명목으로 당연하다고 여기는 법조계란 곳은 얼마나 정신이 썩어빠진 곳인가? 이 자들이 과연 '제정신'이 있는 자들인가? 제대로 정신이 박혀 있는 '사람'이 맞는가? 사회적으로 건전한 정신에 비추어 보았을 때 그저 너무 어처구니가 없을 따름입니다.

선량한 국민들을 능멸하며 '법대로'라면 이런 깡패짓도 서슴지 않고 할 수 있다고 오만하게 판단한다면 그러한 당신들의 법률의 유식은 용서받지 못할 것입니다. **법대로 하니까 이런 무법적 행동도 당연히 자행할 수 있다라는 것이 법률가의 기본 마인드라면, 법조계는 존경의 대상이 아니라 전 국민의 경멸의 대상이 될 것입니다.** (이미 대한민국에서 '사법 불신'은 상당히 많은 국민들의 마음속에 싹터 있는 것으로 보입니다. '누구의 잘못'으로 이 지경까지 이르렀을까? 선량한 국민들이 사법 질서를 믿지 못하는 사태에 이르렀을까? 그 답은 너무도 자명해 보입니다.)

이딴 건 법치주의가 아닙니다. 이건 법치주의의 수치입니다! **현재 대한민국의 법치주의는 (법조계의 미꾸라지들에 의해) 심각하게 왜곡되고 변질된 것으로 보입니다.** 정의로운 판결례로써, 판례 변경으로써 미꾸라지들의 활동에 제재를 가해주시고, **진정 정의로운 법치주의를 구현해주시기를 앙망하는 바이옵니다.**

9. 정의로운 사회 분위기를 위하여

'월지적구(刖趾適屨)'라는 말이 있습니다. 발에 맞추어 신발의 크기를 조절해야 마땅할 터인데, 거꾸로 발을 베어 신발의 크기에 맞춘다는 뜻입니다. **'등기'라는 신발에 맞추기 위해서 '인간다운 인간'이 잘리는 건 아닌가, '등기'라는 신발을 절대시하며 '인간성'이 산산조각으로 파괴되고 있는 것은 아닌가** 고민해주시기를 앙망하는 바이옵니다. **부디 월지적구의 우를 범하지 마시기를,** 심각하게 왜곡되고 굴절된 현 사회 분위기를 바로잡는, '책임'감 있는 판결례의 확립을 앙망하는 바이옵니다.

준비서면을 작성하면서 — (감히 대법관 분들께) 보습학원에 가봐라, 정신병원에 가봐라, (심지어) '사회악의 원흉'이란 말까지 서슴지 않고 쓰면서 (대법관들은) 스스로에게 무기징역 이상의 극형을 구형하라는 등, — 다소 극단적인 표현이 없지 않았습니다. '부뢰배', '무뇌아'라는 말도 많이 썼습니다. 법조계에 종사하시는 분들은 대한민국 최고의 '지성인'들의 계열에 속한 분들로서 그 누구보다 '무뢰배', '무뇌아'랑은 거리가 먼 분들이기에 더 과감하게 그러한 부적절한 용어를 '역설적으로' 사용했습니다. 가장 '무뢰배', '무뇌아' 짓거리를 해서는 아니될 분들이 '무뢰배', '무뇌아' 짓거리를 하고 있다는 개탄의 목소리였습니다. 비법조계인으로서 대한민국에서 누구보다 가장 법조인 분들을 존경하는 사람들 중의 한 사람으로서 외치는 쓰라린 절규였다는 점을 양해해주시면 감사하겠습니다.

이상입니다.

입 증 방 법

```
1.
2.
```

20 . . .

원고   서명 또는 날인
          연락 가능한 전화번호:

법원 귀중

◇ 유의 사항 ◇

1. 민사소송규칙 제4조 제2항에 따라 용지는 A4(가로 210mm×세로 297mm) 크기로 하고, 위로부터 45mm, 왼쪽 및 오른쪽으로부터 각각 20mm, 아래로부터 30mm(장수 표시 제외)의 여백을 두어야 합니다.

또한 글자 크기는 12포인트(가로 4.2㎜×세로 4.2㎜) 이상으로 하고, 줄 간격은 200% 또는 1.5줄 이상으로 하여야 합니다.

2. 서면의 분량은 특별한 사정이 없는 한 민사소송규칙 제69조의4에 따라 30쪽 이내로 제출하여야 합니다.

3. 연락처란에는 언제든지 연락 가능한 전화번호나 휴대전화번호를 기재하고, 그 밖에 팩스번호, 이메일 주소 등이 있으면 함께 기재하시고, 상대방 수만큼의 부본을 첨부하여야 합니다.

70

이제는 먼 옛날이 되어버린 고등학교 시절에, 담배 심부름 사건이 있었다. 흔한 말로 꼰대라 불릴 만한 지리 선생님이 계셨는데 학교 건물 입구 앞에서 우연히 그 앞을 지나가던 나에게 잔돈을 건네며 정문 앞에 있는 슈퍼마켓에 가서 담배 하나 사오라고 심부름을 시키셨다. 납득이 안 되는 건 질문을 하는 성격은 그때나 지금이나 다를 바가 없었나 보다. 나는 그때 그 선생님께 "제가 왜요?" 정말 이해가 되지 않아서 제가 왜 선생님의 담배 심부름을 해야 하는데요? 라고 ─하도 오래 전 일이라 정확한 대사는 기억이 나지 않는다.─ 여쭤보며 담배 심부름을 거부했다. 학생이 이런 반응을 보일 줄은 그 당시 그 선생님도 전혀 예상을 못 하셨겠지. 얼굴이 붉으락푸르락 변하시며 노발대발하시며 어찌할 바 모르고 당황하시며 마침 그 옆을 지나가던 나보다 선배였던 고학년 학생들에게 담배 사오라고 심부름을 시키셨다. 그 고학년 선배는 고개를 90도로 굽신거리며 잔돈을 받아들고는 쌩하니 담배를 사러 교문 밖으로 질주해 나갔다. 그걸 손가락질을 연거푸 하며 가리키시며 지리 선생님이 저걸 보라고, 저게 '정상적인 반응' 아니냐고? 계속 나에게 훈계 반 질책 반 하셨었다. 당연히 그 후로 그 선생님의 지리 수업 시간에 선생님과 나는 어색한 관계가 되었고.

그냥 담배 사오라고 시키면 담배를 사오면 그만이다. 서로 즐겁고 서로 편하다. 그런데 그러한 명령이 이해도 안 되고 부당하다고 느끼면 당연히 제가 왜 그래야 합니까? 라고 따져 물을 수는 있는 거 아닌가? (아, 물론 지금 그 선생님께서 다시 내게 담배 심부름을 시키신다면 나도 기쁜 마음으로 고개를 숙여 잔돈을 받고 열심히 담배를 사러 뛰어갈 수는 있을 것 같긴 하지만 무어 어쨌든!)

대한민국이라는 학교에서 소유권 질서를 유지하는 법조계라는 선생님들이 '이웃이 뭔데? 선 넘었으면 부수고 내놓고 해야지!'란 명령을 내리고 있는 것 같아 그때 그 어린 시절의 담배 심부름 명령이 떠올랐는지도 모른다. 그때나 지금이나 '청개구리' 성격은 그대로인가 보다. 내가 왜? 우리가 왜? 나의 어머니 아버지가 왜? 그런 부당한 명령을 따라야 하는데? 납득할 수 없고 용납할 수도 없다. 그건 정의가 아니기 때문이다.

71

상고장도 준비서면도 그럭저럭 마무리되었다. 이제… 다시 출발해 보자. 전쟁을 치르러

왜곡된 법공동체의 질서를 바로잡으러!

제 5 부

항소심 판결문

72

○○지방법원
제3-1 민사부
판 결

사 건	20XX나○○○○○○ 토지인도
원고, 피항소인 겸 부대항소인	XXX
	XX시 XX구 XX읍 XX로 XX, XXX동 XXXX호
	(XX리, XXXXXXXXXXX)
피고, 항소인 겸 피부대항소인	○○○
	○○시 ○○구 ○○읍 ○○길 ○○○-○○
	(○○리)
	송달장소 ○○시 ○○○로○○○번길 ○○,
	○층 좌측 왼쪽
	(송달영수인 ○○○)
제1심판결	○○지방법원 ○○지원 20XX. XX. XX. 선고
	20XX 가단○○○○○○ 판결
변 론 종 결	20XX. X. XX.
판 결 선 고	20XX. XX. XX.

주 문

1. 제1심 판결을 취소한다.
2. 이 사건 소를 각하한다.
3. 소송총비용은 원고가 부담한다.

청구 취지, 항소취지 및 부대항소취지

1. 청구취지

피고는 원고에게, ① 별지2 도면 가항 표시 1, 2, 3, 4, 1을 순차로 연결한 선내 34.41㎡ 가설건축물, ② 같은 도면 나항 표시 1, 2, 3, 4, 1을 순차로 연결한 선내 22.2㎡ 가설건축물, ③ 같은 도면 다항 표시 1, 2, 3, 4, 1을 순차로 연결한 선내 85.6㎡ 가설건축물을 별지 1 도면 표시 각 1, 2, 3, 4, 1의 각 점을 순차로 연결한 선내 침범한 범위만큼 부분철거하고, 별지 1 도면 표시 1, 2, 3, 4, 1의 각 점을 순차로 연결한 선내 부분 토지 15평을 인도하라(원고는 제1심에서 가설건축물 전체의 철거를 구하다가 이 법원에서 침범 부분에 해당하는 부분의 철거만 구하는 것으로 변경하였다.)

2. 항소취지

제1심 판결 중 피고 패소 부분을 취소하고, 그 취소 부분에 해당하는 원고의 청구를 기각한다.

3. 부대항소취지

제1심 판결 중 원고 패소 부분을 취소한다. 청구취지와 같은 판결을 구함

이 유

1. 기초사실

이 법원이 이 부분에 기재할 이유는 제1심 판결문 2쪽 아래에서 '침범하고 있고'를 '침범하고 있다.'로 수정하고 이하 다음 행 '사용되고 있다'까지는 삭제하는 외에는 제1심 판결 해당란(제1항)과 같으므로 민사소송법 제420조 본문에 의하여 그대로 인용한다(약어 포함).

2. 소의 적법성에 관한 직권 판단

가. 민사소송에 있어서 청구의 취지는 그 내용 및 범위가 명확히 알아볼 수 있도록 구체적으로 특정되어야 하고, 이의 특정 여부는 직권조사사항이라고 할 것이므로 청구취지가 특정되지 않은 경우에는 법원은 피고의 이의 여부에 불구하고 직권으로 그 보정을 명하고, 이에 응하지 않을 때에는 소를 각하하여야 한다(대법원 2014. 5. 16. 선고 2013다101104 판결 참조).

사회통념상 건물은 그 부지를 떠나서는 존재할 수 없으므로 건물의 부지가 된 토지는 그 건물의 소유자가 점유하는 것으로 볼 것이므로(대법원 2003. 11. 13. 선고 2002다57935 판결, 대법원 2008. 7. 10. 선고 2006다39157 판결 등 참조), 피고가 이 사건 각 건물의 소유를 통하여 원고 토지를 점유함으로써 원고에 대하여 토지인도 및 건물 철거 의무를 지는 범위는, 해당 토지 중에서도 위 각 건물이 침범한 부분에 한정된다.

나. 피고가 이 사건 각 건물 부지 외의 토지를 점유하고 있다고 볼 증거가 없으므로 **원고의 청구는 원고 토지 중 이 사건 각 건물의 침범 부분에 한정하여 인용될 여지가 있다. 이 사건 소가 적법하기 위해서는 '이 사건 각 건물이 해당 토지를 침범하는 부분의 면적' 즉, '피고가 원고 토지를 점유하고 있는 범위'가 구체적으로 특정되어야 한다.**

그러나, ① 원고가 제출한 별지 1은 해당 토지 부근의 위성사진을 기초로 원고 토지의 경계선과 이 사건 각 건물의 위치를 표시한 것에 불과하고, 별지 2에는 이 사건 각 건물의 전체 면적이 표시되어 있을 뿐 원고 토지를 침범한 부분이 구분되어 있지 않은 점, ② 갑 제7호증(토지지적측량결과부)과 제1심 법원의 한국국토정보공사 XX지사에 대한 측량감정촉탁결과에 의하더라도 이 사건 각 건물이 해당 토지를 침범한 부분의 경계선만을 확인할 수 있을 뿐이고, 침범한 부분의 면적을 알 수 있는 자료는 없는 점, ③ 원고는 제1심에서 해당 토지 전체의 인도 및 이 사건 각 건물 전체 면적에 대한 철거를 구하다가 이 법원에서 철거 부분을 '이 사건 각 건물 중 원고 토지를 침범한 범위만큼'으로 변경하였으나 여전히 원고 토지를 침범한 범위의 면적을 특정하고 있지 아니한 점, ④ 이 법원은 제1회 변론기일에서 위성사진만으로는 목적물이 특정되어 집행이 가능하다고 보기 어려움을 설명하고 별지 도면을 그대로 유지할 것인지 검토하라고 석명하였으나 원고는 각 별지 도면을 유지한다고 하였는바, **이 사건 소는 목적물의 불특정으로 부적법하다.**

3. 결론

이 사건 소는 부적법하여 각하하여야 할 것인바, 제1심 판결은 이와 결론을 달리하여 부당하므로, **제1심 판결을 취소하고 이 사건 소를 각하한다.**

재판장　판사 ○ ○ ○

판사 ○ ○ ○

판사 ○ ○ ○

73

드디어 …… 드디어 …… 문을 두드리는 소리 …… 우체부 …… 판결문이 송달되었다! 떨리는 마음으로 예정된 비극을 눈앞에 둔 심정으로 봉투를 개봉하고 (봉투 안에는 판결문과 판결문의 근거가 된 별지 도면, 그리고 비밀보호를 위한 판결서 열람·복사 제한신청 안내문이 들어 있었다.) 판결 내용을 확인했다. 그런데 …… 응? 이게 웬일? 이 이 이 이겨버렸네? 이길 줄 몰랐는데 …… 당연히 질 줄 알고 있었는데 …… 이겨버렸다!

일단 고향의 부모님께 당장 전화를 드려 이 기쁜 소식을 알려드리고, 변호사 후배에게도 전화를 걸어 판결 내용에 대해 몇 마디 조언도 듣고, 법원에도 전화해서 상고심에서의 송달영수인 신고 문제랑 판결이 확정되는 시기 등 의문 나는 사항을 여쭤보았다.

원래 2심 판결에 불복해서 내가 대법원에 상고하는 시나리오였는데, 상황이 역전되어 상대방이 상고할지 말지를 결정해야 하고, 우리는 그 결과를 기다리는 입장이 되었다. 판결문이 송달된 시점으로부터 2주일 이내에 상대방이 불복하면 이제 대법원에 가서 싸우면 되는 거고, 상대방이 그 기간 내에 아무런 조치를 취하지 않는다면 말 그대로 게임 오버 Game Over! 우리의 승리로 아름답게 이 더러운 민사 소송의 대미(大尾)를 장식하게 된다. 전화를 받았던 법원 주사보님께서 (오늘도 친절히) 2주일 후인 다음 달 초(XX월 X일 이후)에 법원에 전화를 다시 주면 원고가 상소했는지 여부를 확인해서 알려주시겠다고 했다. (상고심 때의 송달영수인 신고도 대법원인 상고심 법원에 해야 하는 게 원칙이지만 2심 법원에 신고서를 보내면 3심 법원으로 함께 보내주겠다고 하셨다. 아, 우리 법원 담당자 분들, 너무 친절해! 감사하며 칭찬을 백만 번 드림!)

기뻐하며 울 어무니가 하신 명대사:

착한 사람은 복을 받게 되어 있디야.

아들이 누구 아들? 바로 울 어무니 아부지 아들! 이라고 강조하며 모처럼 백만 년 만에 효도다운 효도를 했다는 뿌듯한 심정으로 고향 부모님과의 통화를 마쳤다.

변호사 후배는 내 이야기를 듣고 왜 각하지? 기각이어야 하는데? 하고 의아해했다. 후배의 피드백이 궁금해서 그럼 판결문을 타이핑해서 한글 파일을 메일로 보낼 테니 한번 확인해 달라고 했다. 마냥 안심할 수도 없는 게, 원고가 면적을 특정하지 못해서 부적법 각하 판결을 내린 터라 원고가 면적을 특정해서 다시 다툴 여지는 충분히 있어 보였다.

제 6 부

상고심 재판 준비

74

등기사항전부증명서
— 토지 [제출용] —

【갑 구】 (소유권에 관한 사항)				
순위번호	등기목적	접수	등기원인	권리자 및 기타사항
1 (전 2)	소유권 이전	19○○년○월○일 제○○○○○호	19○○년○월○일 상속	소유자 ○○○ (주민등록번호) ○○군 ○○읍 ○○리 ○○○ 법률 제4502호에 의하여 등기
				부동산등기법 제177조의 6 제1항의 규정에 의하여 19○○년○월○일 전산이기

75

원고가 어떻게 나올지 모르는 상황에서 최악의 상황, 즉 원고가 대법원에 상고하는 상황을 가정하고 —이러한 가정을 하는 것 자체가 대단한 착각이었다. 이러한 오해의 내용은 후술하도록 하겠다.— 그에 대한 대책을 일찌감치 마련하기로 한다. 승소를 해버렸기 때문에 패소할 줄 알고 작성해두었던 '상고장'을 그대로 쓸 수는 없다. 상대방이 낸 '상고장'에 대해 반박하는 형식으로 바꾸어야 하는데, 인터넷에서 이와 관련된 상고심 서식을 찾을 수 없어 즐겨 찾는 <법원에 바란다>를 또 찾았다.

피상고인의 민사 상고심 서식을 어디에서 무엇을 받아야 하나요?

그리고 언제 제출하나요?

안녕하세요 저희 가족은 현재 토지인도 사건의 피고로서

사건번호 20XX가단○○○○○○로 ○○지방법원 ○○지원에서 1심을,

사건번호 20XX나○○○○○○로 ○○지방법원 민사 합의부에서 2심을

받고, 2심에서 승소 판결을 받은 상황입니다.

1.

그래서 현재 원고 측이 대법원에 상고를 제기할지 안 할지 그 상황을 지켜보는 상황인데, 만약의 경우에 원고 측이 상고를 제기했을 때 저희 쪽에서도 원고의 주장에 반박하는 <서면>을 대법원에 제출해야 되잖아요? 이때 **어떤 <서면>을 제출해야 하나요?**

대법원 사이트에서 민사 소송 양식을 살펴보아도, <상고장>, <상고이유서> 같이 상고를 제기하는 쪽이 활용할 수 있는 양식은 보이는데, 피상고인이 활용할 만한 민사 소송 양식은 제가 찾을 수가 없어서 문의 드립니다.

2.

아울러 피상고인 측에서 원고의 주장을 반박하는 서면을 **'언제'** 제출하면 **되는지, 그 제출 시기에** 대한 답변도 아울러 주시면 감사드리겠습니다. (상고가 이루어졌다는 사실을 안 시점부터 재판기일이 잡힐 때까지 아무 때나 제출해도 되는지, 아니면 재판기일이 잡히고 나서야 제출해야 되는지 구체적으로 알려주시면 좋겠습니다.)

76

오전에 이렇게 문의하는 글을 올렸는데 오후에 바로 답변이 달렸다는 알림 메일이 왔다.

담당부서	종합민원과
답변일	20XX년 XX월 XX일

답변

안녕하십니까?

귀하께서 대한민국 법원 홈페이지 법원에 바란다에 올린 글은 잘 읽어보았습니다.

귀하의 민원요지는 **민사사건에서 피상고인이 상고인의 주장을 반박하는**

서면을 언제 제출하여야 하는지, 양식이 있는지 등을 문의하는 글을 올리신 것으로 보입니다.

이 게시판을 통하여 법률상담을 원하시는 분이 많습니다. 그러나 이 게시판은 사법정책 및 행정에 관한 민원, 건의, 제안, 제언 등을 듣고 국민들의 다양한 의견을 적극적으로 수렴하여 사법제도 개선에 반영하고자 하는 마당이고, 법원은 다툼이 있는 당사자의 제소나 검사의 공소제기가 있는 경우에 제3자의 입장에서 법률을 해석·적용하여 공정한 판단을 내리는 사법기관이므로 귀하의 민원은 이 게시판의 운영 목적에 부합하지 않습니다.

참고로, 피상고인은 상고이유서를 받은 날(발송송달의 경우에는 대법원이 발송한 날)부터 10일 안에 사건번호를 기재한 답변서를 제출할 수 있으며(민사소송법 제428조), 이 때 부본(상대방수 + 5통)을 첨부하여 제출하여야 합니다. 상고심 답변서 작성과 관련하여 대한민국법원 홈페이지(www.scourt.go.kr) > 대국민서비스 > 양식 중 '항소이유에 대한 답변서'를 참고하시기 바랍니다.

그 밖에 구체적인 법률관계에 대한 상담이 필요한 경우에는 변호사, 법무사, 대한법률구조공단(www.klac.or.kr/전화 국번없이 132) 등 유/무료의 법률상담을 통하여 도움을 받으실 수 있음을 알려드립니다.

감사합니다.

에구 내가 <법원에 바란다>의 운영 취지에 부합하지 않는 질문을 해버렸었네. 이런. 그런데 친절하게도 내 의문을 해소하는 답변까지 함께 보내주셨다. '삼행시인'으로서 이런 작지만 작지 않은 친절에 감사하는 마음을 담은 '삼행시' 선물을 답변을 보내주신 메일 주소로 띄워 드렸다.

77

위에서 안내해준 서식을 찾아보니 다음과 같았다.

항소이유에 대한 답변서

사 건	20 나	[담당재판부: 제 부]
원고 (항소인 또는 피항소인)		
피고 (항소인 또는 피항소인)		

원(피)고는 피(원)고의 항소이유에 대하여 다음과 같이 답변합니다.

항소취지에 대한 답변

1. 피(원)고의 항소를 기각한다.
2. 항소비용은 피(원)고가 부담한다.

항소이유에 대한 답변

1. 제1심 판단(피고 패소 부분)과 항소이유에 대한 답변 요지

가. 제1심 판단(피고 패소 부분)의 요지

나. 항소이유의 요지 (개괄적 기재로 충분함)

다. 답변의 요지 (아래에서 구체적으로 기재하고 여기서는 간략히 기재하면 충분함)

2. 항소이유에 대한 구체적 답변

(항소이유 등에 따라 아래 항목들로 분리 기재하기가 곤란한 경우에는 적절히 변형하여 기재해도 무방합니다)

가. 사실오인 주장에 대하여

  ⑴ 항소이유의 주장내용

  ⑵ 관련 제1심 판결 판시 부분 (위 ⑴항에 포함된 경우에는 생략 가능)

  ⑶ 피항소인(원고)의 답변

나. 법리오해 주장에 대하여

  ⑴ 항소이유의 주장내용

  ⑵ 관련 제1심 판결 판시 부분 (위 ⑴항에 포함된 경우에는 생략 가능)

  ⑶ 피항소인(원고)의 답변

다. 항소심에서의 새로운 주장에 대하여

  ⑴ 항소이유의 주장내용

  ⑵ 관련 제1심 판결 판시 부분 (위 ⑴항에서 기재한 경우에는 생략 가능)

  ⑶ 피항소인(원고)의 답변

라. 기타

3. 항소인의 새로운 증거신청에 관한 의견

가. 항소인의 증거신청 요지

나. 피항소인의 의견

4. 항소심에서의 조정·화해절차에 관한 의견

가. 조정·화해절차에 관한 항소인의 의견에 대한 피항소인의 의견

나. 그 밖에 조정·화해절차와 관련하여 항소심 재판부에 전달하고 싶은 사항

5. 그 밖에 재판진행에서 고려해 주기를 요청하는 사항 (임의적 기재사항입니다)

가. 당사자 본인의 최종진술을 희망하는지 여부(민사소송규칙 제28조의3)

나. 기일지정과 관련된 희망 사항

다. 그 밖의 사항 (상대방에 요청하는 사항 등)

6. 관련사건의 진행관계 (사건번호와 진행내용을 가능한 한 상세히 기재바랍니다).

가. 관련 민사사건

나. 관련 형사사건 (수사기관의 조사 여부 포함)

20 . . .

원(피)고   서명 또는 날인

연락 가능한 전화번호:

법원 귀중

◇ 유의 사항 ◇

연락 가능한 전화번호에는 언제든지 연락 가능한 전화번호나 휴대전화번호를 기재하고, 그 밖에 팩스번호, 이메일 주소 등이 있으면 함께 기재하기 바랍니다.

전에 받았던 항소이유서 양식과 대동소이(大同小異)했다. '항소'를 '상고'로 고치고 2번 '항소(여기서는 상고) 이유에 대한 구체적 답변' 란에다 상고장에 적었던 내용을 주로 옮기면 될 듯하다. 준비서면의 내용은 그 내용 그대로 상고심의 재판 날짜가 잡히면 그 전에 제출하면 될 듯.

78

    원고 측이 다시 다툴 여지가 있게 나온 이 판결 결과가 찝찝했다. 이에 대해 보다 확실한 지식을 알고 싶어서 1심 판결 때 도움을 주셨던 한국국토정보공사 ○○○ 팀장님께 연락을 드려 궁금한 사항을 여쭤보았다.

○○○○○@lx.or.kr

○○○ 팀장님 별지도면입니다.

법원이 이 증거 자료만으로는 선을 넘은 부분의 건물 면적을 특정할 수 없다고 보았습니다.

그래서 제가 궁금한 사항은 원고 측이 저 선을 넘은 건물 면적을 측정할 다른 방법이 있는지 여부입니다.

그리고 아울러 그럼 도대체 '15평' 넓이 침범했다고 이 자가 소송을 걸었던 건데

이 '15평'은 도대체 어떻게 나온 건지도 의문이네요.

꾸벅.

    이번 판결 결과에 반영된 별지도면을 첨부하여 이렇게 문의를 드렸는데, 팀장님께서 확인을 하시고 답변을 주셨다. 이 자료만 가지고는 재판부가 넓이를 판단할 수 없는 게 맞다. 이것은 **어떻게 건물이 토지에 걸려 있나 그 '위치'만**

측량한 결과물이다. 그런데 '면적 현황 측량'이라고 해서 경계를 넘은 부분의 면적을 정확히 측량할 수 있는 **방법**이 없진 않다고 한다. 그렇다면 원고 측이 저 면적을 정확히 측량한 자료를 제시하며, 즉 목적물을 특정하여 대법원에 상고할 여지가 충분히 있다는 결론이 나온다.

항소심 승소의 기쁨이 오래 지속되지 않을 가능성이 크다는, 어머니 아버지께서 아직 소송의 그림자에서 벗어나지 못할 가능성이 크다는 현실과 다시 마주해서 다소 답답하면서도 원고 측이 어떻게 다툴지 몰라서 그간 막연했었는데 그 구체적인 방법을 깨달아서 다소 속 시원한 감도 없지 않다. 무어 그래

덤빌 테면 덤벼라.

누가 겁낸데? 이쪽은 이미 어떻게 다투어야 할지 —상고에 대한 답변서부터 준비서면까지— 모든 준비를 마친 상태거든. 법정에서는 이렇게 다툴 거고, **'법정 내'에서만 다투진 않을 거야.** 게다가 **이 에세이 출간을 통해서 '법정 외적'으로 싸울 준비까지 마쳐 놓았어.** 어때, 완벽하지? 이렇게 갖출 건 다 갖추고 맞이해 줄 테니까. **덤빌 테면 어서 덤벼 보라고!**

그런데 원고는 나랑 싸우기 전에 1심 때 소송 대리를 맡겼던 변호사랑 법원 감정을 맡았던 측량 기사들이랑 먼저 싸워야 하는 거 아닌가? 속된 말로 일 처리를 저따위로 띨띨하게 한 거에 대한 책임을 저들에게 물어야 할 거 같은데?

내가 왜 원고 입장까지 고려하고 있어야 하는지 모르겠지만, 좀 아까 팀장님이 전화를 끊기 전에 하신 말씀(원고 측 입장에서는 '억울'할 수 있다고. 그래서 대법원까지 아마 싸울 거 같다고.)이 마음에 걸려서일지도 모르겠다. 그동안 고향의 어머니 아버지께서 억울해하시는 것만 생각했다. 아니, 억울한 것도 억울한 거지만 그에 앞서 거의 공갈 협박범의 위력(威力)을 지녔던 내용 증명 우편을

받으시곤 잔뜩 겁에 질리신 어머니의 모습이 아들의 심장에 비수(匕首)를 꽂았다.

네놈들이 감히 내가 가장 사랑하는 분들을 겁박(劫迫)해?

절대 용서할 수 없는 일이었다. (울 어무니는 뇌 쪽으로 큰 병을 앓고 계시단 말이다! 근데 니들이 …… 니들이 그런 울 어무니를 불안에 떨게 만들어?) 절대로 절대로 용서할 수 없다. 그런 울분을 마음에 담은 채 지금 이 자리까지 왔다. 그래서 원고 입장에서 억울할 거란 생각은 내 마음에 비집고 들어올 틈이 없었다. 그런데 항소심의 승소로 마음의 여유가 다소 생겨서일까? 원고 입장에서도 억울할 수 있다는 생각이 조금 내 마음에 살짝 발을 걸쳤다.

…… 어렵다. 어려운 문제다. 그런 점에서 대한민국의 모든 재판관 분들께 경의를 표하게 된다. 첨예(尖銳)한 대립이 있는 원고 측과 피고 측의 주장들을 듣고 최선을 다해 공정하게 판결을 내리는 임무를 수행하고 계시기 때문이다. 불량교생이 이 에세이에서 그런 재판관 분들을 신랄하게 비판하고는 있지만, 독자 분들께서 오해는 하지 마시길 바란다. 불량교생은 기본적으로 재판관 분들을 경외(敬畏)하는 사람이다. 다시 한번 강조하지만, 나름 논리적인 거를 좋아하는 사람으로서 정갈한 논리의 집합체인 판결문을 읽으면 정말 경이(驚異)롭다는 말밖에 할 말이 없을 때가 많았다.

이 소송 사건이 어떻게 대단원의 막을 내릴까? 모쪼록 억울한 사람이 없도록 —양측이 모두 억울하다고 호소할 때는 '누가 더 억울한지' 헤아려— 판결을 내주시길.

79

지금 내가 강력하게 주장하는 것이 '판례 변경'이라 그에 관한 근거 조항들을 더 찾아보았다. 일단 법원조직법도 있었다.

법원조직법 제7조(심판권의 행사)

① 대법원의 심판권은 대법관 전원의 3분의 2 이상의 합의체에서 행사하며, 대법원장이 재판장이 된다. 다만, 대법관 3명 이상으로 구성된 부(部)에서 먼저 사건을 심리(심리)하여 의견이 일치한 경우에 한정하여 다음 각 호의 경우를 제외하고 그 부에서 재판할 수 있다.

1. 명령 또는 규칙이 헌법에 위반된다고 인정하는 경우
2. 명령 또는 규칙이 법률에 위반된다고 인정하는 경우
3. 종전에 대법원에서 판시(판시)한 헌법 · 법률 · 명령 또는 규칙의 해석 적용에 관한 의견을 변경할 필요가 있다고 인정하는 경우
4. 부에서 재판하는 것이 적당하지 아니하다고 인정하는 경우

그리고 더 구체적으로 대법원 전원합의체의 심리절차를 정한 내규란 것이 있었다.

대법원 전원합의체의 심리절차에 관한 내규 제2조(전원합의기일에 심리할 사건의 지정)

③ 대법관 3명 이상으로 구성된 부(이하 "부"라 한다)에서 사건을 심리하여 의견이 일치한 경우일지라도, 「법원조직법」(이하 "법"이라 한다) 제7조제1항제1호부터 제4호까지의 사유가 있다고 인정되는 경우에

는 해당 사건은 제1항에 따라 전원합의기일에서 심리할 사건으로 지정한다.

④ 사건이 다음 각 호의 어느 하나에 해당하는 경우에는 법 제7조제1항 제4호의 사유에 해당하는 것으로 보아서 제1항에 따라 전원합의기일에서 심리할 사건으로 지정할 수 있다.

1. 중대한 공공의 이해관계와 관련되거나 국민적 관심도가 매우 높은 사건

2. 우리 사회의 근본적 가치에 관한 결단을 제시할 만한 사건

3. 사회적 이해충돌과 갈등대립 등을 해소하기 위한 최종 판단이 필요한 사건

4. 역사적으로 사법적 평가가 필요한 쟁점을 다루는 사건

5. 중요한 일반적 법 원칙을 강조하여 선언할 필요가 있는 사건

6. 그 밖에 제1호부터 제5호까지에 준하는 사건

찾았다, '근본'! 이 내규 제2조 제4항 제2호에 **'우리 사회의 근본적 가치에 관한 결단을 제시할 만한 사건'**란 말이 나와 있었다. 내가 제일 처음 1심 때 답변서를 낼 때부터 강조했던 (인간과 기본과) '근본'의 '근본'을 여기서 다시 만나니 새삼스럽게 반갑다.

대법원 전원합의체의 심리절차에 관한 내규 제6조(기일의 지정 등)

① 전원합의기일은 매월 세 번째 목요일(다만, 해당일이 15일인 경우에는 22일)에 진행함을 원칙으로 하되, 대법원장이 지정하는 바에 따라 그 기일을 변경하거나 추가하여 진행할 수 있다. 변론기일과 선고기일은 전원합의기일과 다른 날로 지정할 수 있다.

② 제1항의 날짜는 미리 정하여 공개한다. 변경된 때에도 같다.

전원합의기일과 변론기일, 선고기일이라는 말이 나오는데, 사실 내가 궁금한 게 이 전원합의체의 변론기일이었다. 대법원의 판결이 대법관 세 분 이상으로 이루어진 '부'에서 주관하시는 게 있고, 대법관 전원의 3분의 2 이상으로 이루어진 '합의체'에서 주관하시는 게 있다면, 지금 내가 주장하는 게 '합의체'에서 판례를 변경해 달라!는 얘기니까, 만일 대법원에서 변론기일이 잡혔는데, 그 변론기일이 '합의체'에서 주관하는 게 아니라 '부'에서 주관하는 변론기일이라면, 판결 선고까지 가지 않더라도, 이 변론기일의 고지만으로도 지금 우리에게 재판이 유리할지 불리할지를 가늠할 수 있기 때문이다. (대법원에서 전원합의체로 회부하지 않고 부에서 재판을 진행했다면 판례를 변경하지 않겠다, 판례를 변경할 사안으로 보이지 않는다, 즉 내 주장을 받아들이지 않겠다는 암묵적 의사표시이기 때문이다.) 이것도 변호사 후배한테 한 번 물어봐야겠다.

대법원 전원합의체의 심리절차에 관한 내규 제8조(판결의 선고 등)

    ① 재판장은 선고기일에서 재판서 원본에 따라 주문을 낭독하고 이유의 요지를 설명한다. 대법관은 재판장의 허락을 받아 그 의견의 요지를 밝힐 수 있다.

    ② 전원합의체 선고에 관한 동영상은 인터넷 홈페이지 등을 통하여 공개한다. 재판서는 선고 직후 공개한다.

국민의 알 권리를 위해 애쓰시는 대한민국의 사법 서비스. 전원합의체 판결 선고 영상이 대법원 유튜브 사이트에 올라오고 있었다. 판결을 선고하시는 대법관의 모습을 실제로 뵐 수 있었는데, 이렇게 훌륭한 일을 하시는 분들께 준비서면에서 저런 '극단적인 표현'을 구사한 데 대해 다시 한번 죄스러운 마음이 한편으로 들면서, 다른 한편으로 자, 과연 취득시효와 반사회질서와 권리남용에 관하여 판례의 입장 변경을 주장한 나의 목소리가 반영된 전원합의체 판결 선고 영상이 여기에 업로드될지 궁금한 마음이 들었다.

80

'극단적인 표현'에 대한 변명을 한마디 더 읊자면

궁서설묘 窮鼠囓猫 *from.* 환관(桓寬), 염철론(鹽鐵論)

窮 더이상 어찌할 도리 없이 몰린 鼠 쥐가 囓 (죽음을 각오할 정도로 있는 힘을 다하여) 문다 猫 고양이를 (문다)

☞ 절박한 상황에서 약자가 강자에게 대항하는 풍경이다.

궁지에 몰린 쥐는 쫓기다 멈춰

서서 뒤돌아서

설마 했더니 고양이를 공격해!

묘한 일이지, 아니, 당연한 일인가?

― 불량교생 (저), 『사자성어 사행시』 중에서

'미꾸라지'다, '추어탕'이다, '무뢰배'다, '무뇌아'다 라고 '극단적인 표현'을 써 가며 항변하는 까닭은 지금 우리 처지가 저 사자성어에 나온 쥐처럼 고양이에 쫓겨 막다른 궁지(窮地)에 몰린 상황이기 때문이다. (외견상) **합법이라는 두터운 털로 뒤덮힌 국가라는 거대한 고양이가 압도적인 크기로 철거라는 발톱을 초라하고 노쇠한 두 생명체의 바로 눈앞에서 휘두르려 하고 있는 상황**이다. 이런 상황에서 살기 위해 ―고향 부모님의 삶의 터전을 온전히 살리기 위해― 나는 어떻게든 어떤 식으로든 발악(發惡)할 수밖에 없는 입장이다.

81

변호사 후배로부터 답장이 왔다. 내가 보냈던 메일과 답메일을 순서대로 나열하면

Q.

○○○@yehunlaw.com

상철아 항소심 판결문이야.

지금 집필 중인 원고에 넣을 내용이라 인명이랑 지명은 기호로 표시했음.

판결 주문은 마음에 쏙 드는데,

판결 이유 중에 '**원고의 청구는 원고 토지 중 이 사건 각 건물의 침범 부분에 한정하여 인용될 여지가 있다.**' 란 말이 걸리네.

상철이가 보고 간단히 피드백(feedback) 해주면 좋겠음.

(사실 난 질 줄 알고, 상고장이랑 대법원에 낼 변론준비서면까지 거의 다 쓰고 기다리고 있었는데, 이겨버려서 살짝 당혹스럽기도 함. 쩝.)

꾸벅.

A.

네,, 특정이 되지 않았다는 이유로 각하(却下)를 하는 조금 특이한 사건이네요..

일반적으로는 입증이 되지 않았다는 이유로 기각(棄却)하는 경우가 많거든요.

그런데 본 사건은 **판결이 선고되더라도 집행이 불가능할 정도로 청구취지가 특정이 되지 않아, 각하**가 된 것 같습니다.

각하판결에도 기판력(旣判力)은 발생하는데, 소송요건을 흠결(欠缺)했다는 그 사실에 대해서만 기판력이 발생하는 것으로 알고 있어요.

즉, 특정을 해서 다시 소를 제기하더라도 기판력에 저촉되지는 않는다고 보아 다시 소송이 진행되지 않을까 하네요.

특이한 사안이라 제가 정확히 답변한 것이 아닐 수도 있어, 불안하네요.. ㅎㅎ

참고하시기 바랍니다.

Q.

○○○@yehunlaw.com

상철아 전원합의체 판결 관련해서 궁금한 거 하나 더 물어볼게.

(원고가 상고하여 대법원까지 가서 싸우는 상황에서)

지금 내가 주장하는 요지가 '취득시효에서 제3자에 대항할 수 없다'는 판례는 변경되어야 한다!거든. 여기에다가 원고의 주장은 '반사회질서 행위'다! '권리남용'행위다! 기존의 '반사회질서 행위'와 '권리남용'행위에 관한 판례도 변경되어야 한다!는 내용으로 대법원에서 다툴 내용을 준비하고 있는 상황이야.

여기서 궁금한 건, 대법원의 판결이 '부'에서 진행하는 것과 '합의체'에서 진행하는 것, 두 가지가 있는 것으로 보이는데, 내가 주장하는 것은 '합의체'에서 다루어달라는 내용인 거고.

그렇다면

대법원 변론기일이 잡혔을 때 만일 그 변론기일을 주관하는 데가 '합의체'가 아니라 '부'라면, 대법원에서 '합의체'에서 판단할 사안이 아니라고 판단했다는 사실을 여기서 알 수 있으니까 변론기일이 어떻게 지정되었느냐만 보고도 대법원 판결이 어떻게 나올지 예측할 수 있는 게 아닌가? 생각이 들었어. (변론기일을 주관하는 곳이 '부'라면 내 입장에서는 암울한 결론을 예상할 수밖에 없는 거고, 변론기일을 주관하는 곳이 '합의체'라면 내 입장에서는 일말의 희망의 빛을 기대할 수 있는 거고 무어 이런 식으로.)

이 내 생각이 맞는 말인지도 간단히 피드백 해주면 좋겠음.

꾸벅.

A.
대법원 사건은 변론기일이 잡히지 않는 경우가 99%인데, 일반적으로 모든 사건은 부에서 진행하다가 견해 변경이 필요한 경우 전원재판부 회부하는 것으로 알고 있습니다. 그래서 변론기일 지정 여부 또는 현재 부에서 진행하고 있다는 것만으로는 결론을 예상할 수는 없지 않을까 합니다.

아, 대법원에서는 거의 변론기일을 잡지 않고 판결을 진행하시는구나. 하긴, 전국의 법원에서 밀려드는 사건들의 양이 어마어마하겠지. 그렇게 수많은 사건들이 수렴(收斂)되는 곳이니까 기일을 따로 잡는 것 자체가 시간 낭비가 될 수 있겠다. 어차피 1심, 2심을 거치며 원고 피고의 주장 내용들은 명료해졌을 테니까 정리된 주장 내용들만 보고 판단을 내리시나 보다. (그렇다면 변론기일에 제출하려고 써둔 준비서면은 답변서를 제출할 때 함께 내야겠다.)

아, 이것도 조문의 근거 조항이 있구나.

민사소송법 제430조(상고심의 심리절차) ①상고법원은 상고장·상고이유서·답변서, 그 밖의 소송기록에 의하여 **변론없이 판결할 수 있다.**
②상고법원은 소송관계를 분명하게 하기 위하여 필요한 경우에는 특정한 사항에 관하여 변론을 열어 참고인의 진술을 들을 수 있다.

82

드디어 … 드디어 … 길고도 길었던 2주일의 기간이 지났다. 떨리는 마음으로 예정된 비극을 눈앞에 둔 심정으로 ─어, 잠깐? 이 기분, 이것도 뭔가 데자뷰 deja vu인 듯한데? ─ 법원에 전화를 걸어서 묵히고 묵히고 묵혀둔 질문을 꺼내 드렸다. 원고 측이 상고를 했나요? 사건 번호를 확인하고 답변이 돌아왔다. 원고 측이 상고를 포기했단다. 길고도 길었던 소송이 드디어 … 드디어 … **종결이 된 것이다!** (설명을 들어보니 부적법 각하 판결에 대해서 피고 측도 상고를 할 수 있단다. 기간은 역시 2주일 내로. 판결문이 도달된 날을 기준으로 하는데, 원고 측이 우리보다 이틀 먼저 판결문을 받은 상태라 원고의 상소 제기 기간은 도과했지만, 피고 측은 아직 상소 제기 기간 내에 있다고 한다. 그런데 우리가 상소를 제기할 이유가 있나? 전혀 없지! 이겨버렸으니까.)

바로 고향의 부모님께 전화를 드려 이 기쁜 소식을 알려드렸다. 뛸 듯이 기뻐하시는 어머니, 허허 하며 털털하게 웃음을 터뜨리시는 아버지. 괜히 생색을 내고 싶어 **아들이 누구 아들?** 이냐는 질문을, 정답이 정해져 있는 그 질문을 어머니 아버지에게 한 번씩 더 하는 아들이었다.

83

끝난 게 끝난 게 아니다?

우리가 2심에서 이긴 채로 소송이 종결되어버려서 불량교생으로서 이 에세이에서 구상했던 3심 재판의 논리가 다 소용없어진 게 아닌가? 절대 그렇지 않았다. 이런, 승소 판결 확정의 기쁨도 잠시뿐이었다.

그간 여러모로 조언을 해준 변호사 후배에게 판결 결과가 나왔다고, 상대방이 상고를 포기했다고, 그리고 무엇보다 그동안 고마웠다고 인사를 하기 위해 기쁜 마음으로 연락을 했는데, 변호사 후배가 냉정한 현실(의 가능성)을 짚어주었다. 저쪽에서 1심부터 다시 소송을 걸어올 수도 있다고 했다. 지금 15평의 면적이 특정되지 않아서 각하 판결이 났기 때문에 15평의 면적을 특정해서 얼마든지 다시 소송을 제기할 가능성이 있단 얘기였다.

아, 난 이게 이렇게 특정해서 대법원에 상고를 한단 소리로 처음에 이해했었다. 내가 완전히 잘못 이해하고 있었다. 상고심은 법률심이기 때문에 이런 사실관계를 다루지 않는다. 따라서 원고 측에서 상고를 할 이유가 애당초 없었던 것이다. 처음부터 다시 15평의 면적에 대한 사실관계를 바로잡아야 하는 원고 측의 입장에서는 소송을 원점에서 다시 시작히는 게 맞다.

…… 이건 뭐, 도돌이표인 건가? 나는 그럼 또

덤빌 테면 덤벼라.

란 말을 또 할 수밖에 없다.

84

끝난 게 끝난 게 아닌 이유가 있다. 보다 중요한 과제가 있다. 단지 중요하단 표현만으로는 너무도 부족한, 중차대(重且大)한 과제다. 그 과제는 바로

대한민국이라는 국가의 법질서를 수호하는 집단이 '미꾸라지가 득실대는 추어탕' 수준으로 전락한 게 아니냐?는 질문, **변호사란 작자들이, 법무법인이란 조직들이 그저 '이익 집단'으로서 법률을 이용한 만행을 저지르며 사회 공동체를 파괴하는 데 일조하고 있는 것 아니냐?**는 의문은 여전히 유효하고, 이러한 질문과 의문이 과연 타당한지 전 국민의 검증(檢證)을 받을 필요성이 크기 때문이다.

심판대(審判臺)에 오르는 심정으로 이 에세이의 당위성을 이렇게 피력(披瀝)한다.

에필로그

두 손을 벌리고 서 있다.

십자가(十字架)처럼.

허수아비처럼.

그 뒤로

연로하신 어머니 아버지가

(별로 넓지도 않은) 아들의 등만 바라보며

아들을 의지한 채 계신다.

그 뒤로

몇 평도 되지 않는 가건물들이

똥내가 풀풀 풍기는 깡촌을 배경으로 서 있다.

아들은 그렇게 두 손을 벌리고 막고 있다.

절대로 이 집을, 이 땅을 내놓을 수 없다며,

어머니 아버지의 평생의 보금자리를 지켜드리기 위해

못 박혀 있다.

이 에세이의 풍경은 이런 모습이다.

아들의 볼에는

눈에서 흘러내린 핏물이 선명한 채로.

불량교생의 불효자식의 효도의 길 part2
– 15평 토지 인도 및 건물 철거 청구 사건

1판 1쇄 발행 2024년 06월 14일
지은이 불량교생 不良敎生

편집 김해진 **마케팅·지원** 김혜지
펴낸곳 (주)하움출판사 **펴낸이** 문현광

이메일 haum1000@naver.com **홈페이지** haum.kr
블로그 blog.naver.com/haum1000 **인스타** @haum1007

ISBN 979-11-6440-620-3 (03360)

좋은 책을 만들겠습니다.
하움출판사는 독자 여러분의 의견에 항상 귀 기울이고 있습니다.
파본은 구입처에서 교환해 드립니다.